Q&A
源泉徴収実務と課税判断

伊東 博之 著

税務経理協会

はしがき

　所得税法は全6編からなり、そのうちの第4編が「源泉徴収」となっている。条文数にして同法全体の約20％を占めるにしか過ぎない。しかし、源泉徴収を理解するにはこの第4編のみの理解では足りない。例えば給与所得の源泉徴収義務を規定している同法183条第1項の冒頭を引用すると「居住者に対し国内において第28条第1項（給与所得）に規定する給与等の支払をする者は、…」とあるが、ここでの居住者や給与等についての定義はこの第4編にはない。すなわち、第4編以外の編のいわゆる申告所得税の知識を前提に、その申告所得税又は法人税の前取りとしてその徴収の方法や徴収の対象となる所得、徴収税率その他の手続が定めてあるのが所得税法第4編である。この源泉徴収による所得税あるいは源泉所得税といわれるカテゴリーは、申告所得税とは一線を画した存在に置かれている。それは所得税法についての理論書や実務書の多くは源泉徴収を扱っていないか、扱っていても極めて少ない頁しか割かれていないことが如実にそのことを物語っている。しかし、その結果本書のように源泉徴収の部分を切りとった形での出版が陽の目を見ることにもなるのであるが。

　源泉所得税に関して受ける質問で圧倒的に多いのが給与所得に関するものであるが、それには理由があり、源泉徴収の対象となる所得のうちその受給者数が最も多く、かつ、多様な給付が行われているからと思われる。給与所得の中でも、現物給与や基本給以外の特殊な給与などの経済的利益に関する課非判定への疑問が少なくない。この原因の一つが、多くは取扱通達に課非判定が委ねられていること、かつ、その判定基準に不確定概念が持ち込まれていることがある。これらに加え、近年のIT化の長足の進歩による通信手段の電子メール化、情報の取得や開示のネット化等の非対面型社会への進展は、否応なしに税務へも影響を及ぼすことになる。それはテレワークやSOHOといわれるような形で雇用関係の流動化、大胆にいえば希薄化をもたらし、使用者による時間的、空間的拘束が間接化する現象を呈することになる。そのことは、給与所得への

該当、非該当の問題が今以上に増加する可能性を示し、一方、旧来の経済的利益の課非判定の線引きも依然として残されたまま、納税者及び税理士を悩ますことになる。最近の最高裁判決を含め時勢は、揺るぎなき枠組みと思われている源泉徴収制度が、必ずしも盤石といえないのではないかとの懸念を払拭できるかどうかを問うているのかも知れない。

　さて、本書は、第1編を「源泉徴収制度総論」として、源泉徴収制度の概要について、源泉徴収制度の理解に差し障りのない範囲で、一般になじみのない事項や特殊なものは省いて、源泉徴収制度の全体像が把握できるようにとの思いで解説を試みた。まだまだ、生硬な点も多く今後に課題を残した部分もあるが機会があればより理解を得られる内容に改善を図りたいと思う。

　次いで、第2編では「源泉徴収制度Q&A」として、実務において最も質問や疑問が多い給与所得、退職所得、報酬・料金等及び非居住者等所得を対象として、実例に沿ったQ&A形式によりわかりやすくできるだけ趣旨、背景、過去の取扱い等に触れ単なる例題に対する回答だけに終わらないように配意したつもりである。ただし、意を尽くせなかった点もあり、また至らぬ点も多々あろうかと思うので、これらについては第1編と併せて読者の御叱正を請う次第である。

　企画から1年半余を経ての上梓となったが、この機会を与えていただいた税務経理協会に感謝の意を表したい。また、長期にわたり遅筆者に飽きることなくお付き合い願った御担当の諸氏に対し、心より厚くお礼を申し上げる。

平成23年7月

伊東　博之

目　次

はしがき

第Ⅰ編　源泉徴収制度総論

1 源泉徴収制度の概要 …………………………………………… 2
1 源泉徴収制度の意義 ………………………………………… 2
2 源泉徴収制度の特徴 ………………………………………… 3
3 源泉徴収義務者の範囲 ……………………………………… 3
4 源泉徴収の時期と所得の支払の意義 ……………………… 4
5 源泉徴収の対象となる所得の支払を受ける者（源泉納税義務者）… 5
6 源泉徴収の対象となる所得の範囲 ………………………… 5
7 源泉所得税の納税地 ………………………………………… 8
8 源泉所得税の納期限 ………………………………………… 9

2 源泉徴収の対象となる所得の特徴 …………………………… 11
1 給与所得に対する源泉徴収 ………………………………… 11
2 退職所得に対する源泉徴収 ………………………………… 16
3 公的年金等に対する源泉徴収 ……………………………… 19
4 報酬・料金等に対する源泉徴収 …………………………… 23
5 利子所得・配当所得に対する源泉徴収 …………………… 35
6 非居住者等所得に対する源泉徴収 ………………………… 41
7 特定口座内保管上場株式等の譲渡による所得等に対する源泉徴収 …… 47
8 その他の所得に対する源泉徴収 …………………………… 51

第Ⅱ編 源泉徴収制度 Q&A

1 給与等 非課税とされる旅費の範囲 ················ 56
1 非課税旅費の範囲等 ································ 56
2 単身赴任者の帰宅旅費 ······························ 58
3 質問のケースの場合 ································ 59

2 給与等 マイカーの通勤距離の変更と通勤手当の非課税限度額
·· 60
1 通勤手当等の非課税限度額 ·························· 60
2 通勤距離が変更になった場合 ························ 61
3 マイカー通勤の場合の留意点 ························ 62
4 その他の留意点 ···································· 63

3 給与等 制服として支給する背広の経済的利益 ········ 65
1 使用人等に支給する制服等の取扱い ·················· 65
2 制服等の非課税の理由 ······························ 66
3 制服等の範囲と非課税要件 ·························· 66
4 質問のケースの場合 ································ 67

4 給与等 宿日直手当の課税関係 ······················ 69
1 宿日直料の一般的取扱い ···························· 69
2 宿日直を継続して行った場合の取扱い ················ 70
3 宿日直料を非課税とする理由 ························ 71
4 質問のケースの場合 ································ 71

5 給与等 学資金や資格取得費の取扱い ……………… 73
1 学資金等についての取扱い ……………………………… 73
2 技術習得、免許・資格取得の費用の取扱い ………………… 75
3 使用人の高等学校等における修学費用の取扱い ………… 76

6 給与等 慶弔関係金品の課税関係 ………………………… 78
1 慶事の祝金品 ………………………………………………… 78
2 弔事又は災害等の見舞金 …………………………………… 80

7 給与等 社内提案制度による報償金の課税関係 ………… 82
1 工夫、考案等に対する褒賞金等 …………………………… 82
2 通常の職務の範囲内の行為 ………………………………… 83
3 質問のケースの場合 ………………………………………… 84

8 給与等 食事等の支給による課税関係 …………………… 86
1 食事の現物給与 ……………………………………………… 86
2 昼食等の通常の食事の支給 ………………………………… 87
3 食事の評価方法 ……………………………………………… 87
4 指定食堂で食券利用の場合 ………………………………… 88
5 残業又は宿日直の際の食事 ………………………………… 89
6 深夜勤務者の食事代 ………………………………………… 90

9 給与等 創業記念品の支給と永年勤続者の旅行費用の負担 … 91
1 創業記念品等 ………………………………………………… 91
2 質問のケースの場合 ………………………………………… 92
3 永年勤続者表彰 ……………………………………………… 93
4 質問のケースの場合 ………………………………………… 94

10 給与等 値引販売による経済的利益 ……………… 96
1 値引販売による経済的利益の非課税要件 ……………… 96
2 要件の個別検討 ……………………………………… 97
3 質問のケースの場合 ………………………………… 98

11 給与等 人間ドック・診療の費用の負担 …………… 100
1 課税されない用役の提供等 ………………………… 100
2 人間ドックの費用負担 ……………………………… 101
3 診料代の一部免除 …………………………………… 102

12 給与等 非課税とされるレクリエーション費用 ……… 104
1 経済的利益に対する課税の原則 …………………… 104
2 課税されない経済的利益 …………………………… 105
3 レクリエーション費用の負担の取扱い …………… 105
4 質問のケースの場合 ………………………………… 106

13 給与等 社宅の貸与による経済的利益 ………………… 108
1 通常の賃貸料の額の計算 …………………………… 108
2 社宅の家賃の特例等 ………………………………… 110

14 給与等 低利の貸付金による経済的利益 ……………… 112
1 無利息又は低い金利による金銭の貸付け ………… 112
2 課税されない無利息貸付け等 ……………………… 113
3 質問のケースの場合 ………………………………… 115

15 給与等 使用者負担の生命保険料等 …………………… 116
1 養老保険の保険料 …………………………………… 116
2 定期保険の保険料 …………………………………… 118
3 定期付養老保険の保険料 …………………………… 118

| | 4 その他の取扱い …………………………………………… 119 |

16 給与等 カフェテリアプランとその課税関係 …………… 122
1 カフェテリアプラン …………………………………………… 122
2 カフェテリアプランの課税関係 …………………………………… 123

17 給与等 有給休暇の買上げ等に伴う課税関係 …………… 125
1 年次有給休暇制度 …………………………………………… 126
2 有給休暇の買上げと課税関係 ……………………………… 126
3 有給休暇期間中の報酬 ……………………………………… 127

18 給与等 ストック・オプション ……………………………… 129
1 ストック・オプション税制の概要 …………………………… 129
2 税制適格ストック・オプションの要件 …………………… 130
3 年間権利行使価額 1,200 万円以下の要件 ………………… 132

19 退職手当等 退職所得の意義と範囲 …………………………… 134
1 退職所得の意義 ……………………………………………… 134
2 退職所得とみなされる一時金 ……………………………… 135
3 引き続き勤務する人に支払われる給与で退職手当とされるもの …… 137
4 使用人から執行役員への就任に伴い退職手当等として
  支給される一時金 …………………………………………… 137
5 受給者が掛金を拠出することにより退職に際して
  使用者から支払われる一時金 ……………………………… 137
6 過去の勤務に基づき使用者であった者から支給される
  年金に代えて支払われる一時金 …………………………… 138
7 解雇予告手当 ………………………………………………… 138
8 厚生年金基金等から支払われる一時金 …………………… 138
9 未払賃金立替払制度に基づき国が弁済する未払賃金 …… 139

20 退職手当等 打切り支給の退職金～役員の分掌変更の場合 …… 140
1 引き続き勤務する者に対する退職手当 …………………………… 140
2 役員の分掌変更の場合の打切り支給の退職金 …………………… 141
3 役員の分掌変更と退職所得 ………………………………………… 141
4 質問のケースの場合 ………………………………………………… 143

21 退職手当等 打切り支給の退職金～役員の分掌変更以外の場合 …… 144
1 役員の分掌変更以外の打切り支給の退職金 ……………………… 144
2 打切り支給の具体事例 ……………………………………………… 145

22 退職手当等 執行役員就任時の一時金の支給 …………………… 148
1 執行役員制度 ………………………………………………………… 148
2 執行役員就任時の一時金支給 ……………………………………… 149
3 質問のケースの場合 ………………………………………………… 150

23 退職手当等 勤続年数の計算 …………………………………… 152
1 通常の場合の勤続年数の計算 ……………………………………… 152
2 特殊な場合の勤続年数の計算 ……………………………………… 154

24 退職手当等 法人成り後個人事業期間の勤続年数通算の可否 …… 158
1 勤続年数の計算の概要 ……………………………………………… 158
2 個人事業期間の通算の可否 ………………………………………… 159
3 質問のケースの場合 ………………………………………………… 160
4 参考事項 ……………………………………………………………… 160

25 退職手当等 復職して退職した場合の退職所得控除額の計算 …… 162
1 通常の場合の退職所得控除額の計算 ……………………………… 162
2 特殊な場合の退職所得控除額の計算 ……………………………… 163
3 質問のケースの場合 ………………………………………………… 165

4 源泉所得税の還付 …………………………………………… 166

26 報酬・料金等 報酬・料金等の範囲 …………………… 167
1 報酬・料金等の範囲 ………………………………………… 167
2 報酬、料金等の性質を有する経済的利益 ………………… 168
3 支払者が負担する旅費 ……………………………………… 169
4 支払を受ける者が法人以外の団体等である場合の
  法第204条の規定の適用 …………………………………… 169
5 源泉徴収税率 ………………………………………………… 170
6 消費税の取扱い ……………………………………………… 171

27 報酬・料金等 報酬・料金等に対する源泉徴収義務 …… 172
1 源泉徴収が不要とされる場合 ……………………………… 172
2 質問のケースの場合 ………………………………………… 175

28 報酬・料金等 研究委員会の謝金等 …………………… 176
1 研究委員と社団との関係 …………………………………… 176
2 講演会や公開討論会の謝金 ………………………………… 178
3 旅費 …………………………………………………………… 178

29 報酬・料金等 弁護士等の業務に関する報酬又は料金 …… 180
1 所得税法第204条第1項第2号 …………………………… 180
2 破産管財人 …………………………………………………… 181
3 登録政治資金監査人 ………………………………………… 181
4 業務に関する報酬・料金 …………………………………… 181

30 報酬・料金等 技術士等の業務の範囲 ………………… 184
1 技術士等の業務に関する報酬又は料金 …………………… 184
2 技能士、建築設備士などの業務 …………………………… 185

31 報酬・料金等 プロスポーツ選手、外交員報酬等 …… 188
1 プロスポーツ選手等の業務に関する報酬又は料金の範囲 …… 188
2 本来業務との関連性 …… 190
3 外交員等の報酬又は料金 …… 190

32 報酬・料金等 芸能関係の報酬又は料金 …… 192
1 芸能報酬の課税の概要 …… 192
2 芸能等の出演、演出等の報酬又は料金 …… 193
3 芸能人の役務提供事業を行う者のその役務提供に関する
報酬又は料金 …… 194

33 報酬・料金等 ホステス等の報酬 …… 198
1 ホステス等の業務に関する報酬又は料金 …… 198
2 取扱いの特長 …… 199
3 バンケットホステス等の業務に関する報酬又は料金 …… 200
4 アルバイトホステスや引抜料の取扱い …… 201

34 報酬・料金等 引抜料又はスカウト料 …… 202
1 引抜料等の契約金の範囲 …… 202
2 その他の契約金 …… 203
3 源泉徴収の方法 …… 203

35 非居住者及び外国法人等 非居住者の国内源泉所得と源泉徴収対象所得の範囲 …… 205
1 非居住者の区分と国内源泉所得の範囲 …… 205
2 恒久的施設 …… 206
3 総合課税の対象となる所得 …… 206
4 分離課税の対象となる所得 …… 207
5 源泉徴収の対象となる所得及び源泉徴収税率 …… 207

| | 6 | 租税条約の適用 …………………………………………………… 209 |

36 非居住者及び外国法人等 非居住者から店舗併用住宅を取得する場合の源泉徴収 …… 210

	1	国内源泉所得 …………………………………………………… 210
	2	不動産の賃貸料 ………………………………………………… 211
	3	土地等の譲渡対価 ……………………………………………… 211
	4	自己の居住の用に供するために譲り受けた個人 …………… 212
	5	質問のケースの場合 …………………………………………… 213

37 非居住者及び外国法人等 米国法人に支払う航空機のリース料 …… 215

| | 1 | 所得税法の取扱い ……………………………………………… 215 |
| | 2 | 日米租税条約の取扱い ………………………………………… 216 |

38 非居住者及び外国法人等 貸付金の利子に対する源泉徴収 ………… 219

	1	国内源泉所得の判定 …………………………………………… 219
	2	貸付金の範囲 …………………………………………………… 220
	3	質問のケースの場合 …………………………………………… 223

39 非居住者及び外国法人等 海外美術品の展示に伴う派遣技術者に係る諸費用の取扱い …………………… 224

| | 1 | 国内法上の取扱い ……………………………………………… 224 |
| | 2 | 租税条約上の取扱い …………………………………………… 226 |

40 非居住者及び外国法人等 インド法人の技術者の役務提供に対する対価の課税関係 …………………… 228

	1	外国法人の課税範囲 …………………………………………… 228
	2	人的役務の提供事業の対価の範囲 …………………………… 229
	3	日印租税条約の規定 …………………………………………… 230

4　質問のケースの場合 …………………………………… 230

41 非居住者及び外国法人等　非居住者に支払う職務発明に係る権利承継の対価 …… 232

　　1　特許法の相当の対価 …………………………………… 232
　　2　非居住者に支払われる対価 …………………………… 233

42 非居住者及び外国法人等　海外へ転勤した社員の課税関係 …… 236

　　1　居住者と非居住者 ……………………………………… 236
　　2　住所の有無の推定 ……………………………………… 237
　　3　事情変更の場合の取扱い ……………………………… 237
　　4　質問のケースの場合 …………………………………… 238

43 非居住者及び外国法人等　海外又は国内転勤直後に支給する賞与の源泉徴収 …… 240

　　1　国内転勤者の課税対象賞与 …………………………… 240
　　2　賞与についての税額計算 ……………………………… 241
　　3　海外転勤者の課税対象賞与 …………………………… 242

44 非居住者及び外国法人等　中国の研修生に支給する手当の課税 …… 244

　　1　国内法の規定 …………………………………………… 244
　　2　租税条約の規定 ………………………………………… 245
　　3　質問のケースの場合 …………………………………… 246

45 非居住者及び外国法人等　退職所得の選択課税 …… 248

　　1　非居住者に対する退職金課税 ………………………… 248
　　2　居住者としての課税の選択 …………………………… 249
　　3　選択課税適用の手続 …………………………………… 250

第Ⅰ編
源泉徴収制度総論

1 源泉徴収制度の概要

1 源泉徴収制度の意義

わが国に所得税が創設されたのは明治20年（1887年）で、この所得税に源泉徴収制度が採用されたのは、公社債の利子に対するもので明治32年（1899年）のことです。その後、昭和15年に給与所得（当時は勤労所得）に、また、同19年に今日の報酬・料金等に当たる丙種事業所得に源泉徴収が導入されました。その後も、源泉徴収の対象となる所得の範囲は拡大を続けて現在に至っています。

わが国の所得税は、いわゆる申告納税制度を採用しており、所得者自身が、その年の所得金額とこれに対する税額を計算して申告することになっています。一方、給与所得や退職所得、報酬・料金などの特定の所得については、源泉徴収制度が採用されています。この源泉徴収制度は、特定の定められた所得の支払者を源泉徴収義務者として、その支払者がその特定の所得を支払う際に、所定の方法により所得税を計算し、その支払金額から所得税額を天引き徴収して、所得者に代わって国に納付するという制度をいいます。このようにして源泉徴収された所得税の額は、一般的には確定申告により精算されることになりますが、給与については、大半の所得者は年末調整という手続を通じて、その1年間に支給された給与から徴収された税額が精算される仕組みになっています。したがって、給与所得者の大多数は確定申告をする必要がなく源泉徴収のみで課税関係が完結することになります。

この源泉徴収制度を数字の点で見てみると、この制度により徴収された所得税（源泉所得税）のウエイトは極めて高く、平成23年度の一般会計予算（当初）92兆4,116億円のうち、租税及び印紙収入は40兆9,270億円で、そのうち申告所得税と源泉所得税とを合計した所得税は13兆4,900億円（33.0%）を占め、その82.8%の11兆1,720億円が源泉所得税によるものとなっています。

すなわち、税収全体の27.3％を源泉所得税に依存しているということになります。また、平成21年12月末日現在の源泉徴収義務者数370万件、給与所得者数5,388万人（国税庁民間給与実態統計調査）という大きな数字となっています。

2　源泉徴収制度の特徴

　源泉徴収制度には次のような特徴があるといわれていますが、⑴から⑷までは長所、⑸から⑻までは短所と区分されます。しかし、国の立場で見る場合と、源泉徴収義務者又は所得者の立場から見る場合とでは、長所と短所が逆になることもありそうです。
- ⑴　徴収が支払段階で行われるため確実であり各月平準化して収納される。
- ⑵　徴税手続が集約的に行われるため比較的少ない徴税コストで済む。
- ⑶　支払金額を課税対象とするので課税標準等の把握が容易で正確である。
- ⑷　支払の際に天引徴収されるため納税上の負担感が少ない。
- ⑸　支払額が課税標準となり、必要経費が考慮されない場合があるため担税力に応じた源泉徴収にならないことがある。
- ⑹　所得課税の本質である人的事情を完全に考慮することは不可能である。
- ⑺　給与及び退職所得以外の所得については徴税技術上比例税率を適用せざるを得ないので、十分に応能負担の原則を貫けない。
- ⑻　個々の所得についての適用であり総合課税ができない。

3　源泉徴収義務者の範囲

　所得税の納税義務者（所得者）に対して、国内において、給与・利子・配当・報酬・料金など源泉徴収すべきものとされている所得の支払をする者は、源泉徴収義務者として所得税を徴収して納付しなければなりません。源泉徴収義務を負うこととなる支払者は、個人であるか法人であるかを問いませんし、個人である場合、居住者であるか非居住者であるかを問わず、法人である場合、内国法人、外国法人のいずれであるかを問いません。人格のない社団・財団も源泉徴収義務を負うこととされています。さらに、所得税又は法人税の納税義務

を課されない者、例えば、国・地方公共団体、所得税法別表第一に掲げる非課税法人であっても、これらの者が源泉徴収の対象となる所得の支払をする場合には、源泉徴収義務者となります（所法6）。

ただし、例外として、常時2人以下の家事使用人のみに対して給与の支払をする個人が支払う給与や退職手当、弁護士報酬などの報酬・料金等については、所得税の源泉徴収を要しないこととされています（所法184、200、204②二）。

なお、源泉徴収の対象となる所得を、国外において支払う場合には、原則として源泉徴収を要しないことになりますが、非居住者又は外国法人に対し国内源泉所得を国外で支払う場合において、その支払者が国内に住所や居所又は事務所や事業所などを有するときは、国内で支払うものとみなされますので源泉徴収をしなければなりません（所法212②）。

4　源泉徴収の時期と所得の支払の意義

源泉徴収は、源泉徴収の対象とされている特定の所得の支払の際に行わなければなりませんが、この支払とは、現実に金銭を交付する行為のほか、利息を元本に繰り入れたり、債務者の預金口座から債権者の預金口座に振り替えるなどその支払の債務が消滅する一切の行為が含まれることとされています（所基通181～223共-1）。また、所得税法では、金銭以外の物や経済的利益の供与についても所得の収入金額とされていますので（所法36①）、これら金銭以外のものの供与についても支払があったものとされます。

なお、上記支払の例外として、次の表の左欄に掲げる場合については、それぞれ右欄に掲げる日に支払があったものとみなして源泉徴収をしなければならないとされています（所法181②、183②、212⑤）。

項　　目	みなし支払日（源泉徴収をする時）
①配当等（投資信託又は特定受益証券発行信託の収益の分配を除きます。）で、支払の確定した日から1年を経過した日までに支払がない場合	その支払の確定した日から1年を経過した日

②法人税法第2条第15号に規定する役員に対する賞与で支払確定の日から1年を経過した日までに支払がない場合	その支払の確定した日から1年を経過した日
③非居住者又は外国法人が配分を受ける組合契約事業から生ずる利益で、計算期間の末日の翌日から2か月を経過する日までに金銭等が交付されない場合	その計算期間の末日の翌日から2か月を経過する日

(注) 上記のほか、割引債の償還差益についてはその割引債の発行の際に源泉徴収を行うこととされています（措法41の12③）。

5　源泉徴収の対象となる所得の支払を受ける者（源泉納税義務者）

　所得税の源泉徴収の対象となる所得の支払を受ける者（源泉納税義務者といういい方もされます。）は、個人に限らず、法人や人格のない社団等も含まれ、次の表のとおり広範囲になっています。

区　分		項　目	意　義　・　内　容
個人	居住者（所法2①三）	非永住者以外の居住者	国内に住所を有し、又は現在まで引き続いて1年以上居所を有する非永住者以外の個人
		非永住者	居住者のうち、国内に永住する意思がなく、かつ、現在まで引き続いて5年以下の期間国内に住所又は居所を有する個人（所法2①四）
	非　居　住　者		居住者以外の個人（所法2①五）
法人	内　国　法　人		国内に本店又は主たる事務所を有する法人（所法2①六）
	外　国　法　人		内国法人以外の法人（所法2①七）

(注)　居住者のうち非永住者と非永住者以外の居住者とは課税所得の範囲が異なりますが、所得税の源泉徴収については、いずれも同じ取扱いとなります。また、人格のない社団等は、法人とみなされます（所法4）。

6　源泉徴収の対象となる所得の範囲

　源泉徴収の対象となる所得の範囲は、その所得の支払を受ける者の区分に応じて異なっています。

(1) 居住者が支払を受ける所得

源泉徴収の対象とされる所得	
イ　利子等	①公社債及び預貯金の利子、②合同運用信託、公社債投資信託及び公募公社債等運用投資信託の収益の分配、③勤労者財産形成貯蓄保険契約等に基づく差益など（所法181、措法3の3①③、4の4①、6②）
ロ　配当等	①法人から受ける剰余金の配当、利益の配当、剰余金の分配、②基金利息、③投資信託の収益の分配（利子等に該当するものを除きます。）及び特定受益証券発行信託の収益の分配など（所法181、措法8の3③、9の2②、9の3の2①）
ハ　給与等	俸給、給料、賃金、歳費、賞与その他これらの性質を有するもの（所法28、183）
ニ　退職手当等	①退職手当、一時恩給など退職により一時受ける給与及びこれらの性質を有する給与、②社会保険制度等に基づく一時金など（所法199、措法29の6）
ホ　公的年金等	①国民年金法、厚生年金保険法等に基づく年金、②恩給（一時恩給を除きます。）及び過去の勤務に基づき使用者であった者から支給される年金、③確定給付企業年金法の規定に基づいて支給を受ける年金など（所法203の2）
ヘ　報酬・料金等	次に掲げる報酬・料金、契約金又は賞金（所法204、措法41の20） ①原稿料、デザイン料、講演料、放送謝金、工業所有権の使用料、技芸・スポーツ・知識等の教授・指導料など、②弁護士、公認会計士、税理士等の報酬・料金、③社会保険診療報酬支払基金から支払われる診療報酬、④外交員、集金人、電力量計の検針人、プロ野球の選手、プロサッカーの選手等の報酬・料金、⑤芸能、ラジオ放送及びテレビジョン放送の出演、演出等の報酬・料金並びに芸能人の役務提供事業を行う者が支払を受けるその役務の提供に関する報酬・料金、⑥バー、キャバレー等のホステス、バンケットホステス・コンパニオン等の報酬・料金、⑦使用人を雇用するための支度金等の契約金、⑧事業の広告宣伝のための賞金及び馬主が受ける競馬の賞金
ト	生命保険契約・損害保険契約等に基づく年金（所法207）
チ	定期積金の給付補てん金等（所法209の2）
リ	匿名組合契約等に基づく利益の分配（所法210）
ヌ	特定口座内保管上場株式等の譲渡による所得等（措法37の11の4）
ル	懸賞金付預貯金等の懸賞金等（措法41の9）
ヲ	割引債の償還差益（措法41の12）

(2) 内国法人が支払を受ける所得

イ	利子等（居住者の①②に同じ）（所法212③、措法3の3②③、6②）
ロ	配当等（居住者の場合に同じ）（所法212③、措法8の3②③、9の2①②、9の3の2①）
ハ	定期積金の給付補てん金等、匿名組合契約等に基づく利益の分配及び馬主が受ける競馬の賞金（所法212③）
ニ	懸賞金付預貯金等の懸賞金等（措法41の9）
ホ	割引債の償還差益（措法41の12）

(3) 非居住者及び外国法人が支払を受ける所得

イ	次に掲げる国内源泉所得（所法212①②⑤、措法9の3の2①、42①） (イ) 国内において行う組合契約事業から生ずる利益の配分（国内に恒久的施設を有しない非居住者又は外国法人が支払を受けるものを除きます。） (ロ) 国内にある土地等の譲渡による対価 (ハ) 国内において人的役務の提供事業を行う者が受けるその役務提供の対価 (ニ) 国内にある不動産、船舶、航空機などの貸付けの対価及び地上権などの設定の対価 (ホ) 国内にある営業所等に預け入れられた預貯金の利子等 (ヘ) ①内国法人から受ける所得税法第24条第1項に規定する剰余金の配当、利益の配当、剰余金の分配又は基金利息、②国内にある営業所等に信託された投資信託（公社債投資信託及び公募公社債等運用投資信託を除きます。）又は特定受益証券発行信託の収益の分配 (ト) 国内において業務を行う者に対するその国内業務に係る貸付金の利子 (チ) 国内において業務を行う者から受けるその国内業務に係る工業所有権、著作権等の使用料又は譲渡の対価 (リ) ①給与その他人的役務の提供に対する報酬のうち、国内において行う勤務等に基因するもの、②公的年金等、③退職手当等のうち受給者が居住者であった期間に行った勤務等に基因するもの（(リ)は非居住者のみ） (ヌ) 国内において行う事業の広告宣伝のための賞金 (ル) 国内にある営業所等を通じて締結した生命保険契約・損害保険契約等に基づく年金 (ヲ) 国内の営業所等が受け入れた定期積金の給付補てん金等 (ワ) 国内において事業を行う者に対する出資につき、匿名組合契約等に基づいて受ける利益の分配
ロ	外国特定目的信託の利益の分配又は外国特定投資信託の収益の分配（措法9の6）
ハ	国内に恒久的施設を有する非居住者が行う特定口座内保管上場株式等の譲渡による所得等（措法37の11の4）

ニ　懸賞金付預貯金等の懸賞金等（措法41の9）

ホ　割引債の償還差益（措法41の12）

7　源泉所得税の納税地

(1)　納税地の原則

　源泉徴収義務者が源泉徴収した所得税は、その納税地の所轄税務署に納付することになります。この場合の納税地は、次の(2)に掲げる所得に対するものを除き、源泉徴収の対象とされている所得の支払事務を取り扱う事務所や事業所等のその支払の日における所在地とされています（所法17）。

　したがって、例えば、給与や退職手当の支給額の決定や源泉徴収税額の計算などの人事考課や税務関連資料を常時管理しその計算について責任を有する事務所や事業所などの所在地が源泉所得税の納税地となり、その納税地の所轄税務署に源泉所得税を納付することになります。

　なお、給与の支払事務所等の移転があった場合には、移転前に支払った給与に係る源泉所得税の納税地は、平成24年1月1日以後の納付から移転後の支払事務所等の所在地等とされます。

(2)　納税地の特例

　源泉所得税の納税地は原則として上記(1)のとおりですが、その所得の特徴や徴収事務の便宜等を考慮して、例えば、国債の利子については日本銀行の本店の所在地というように特定の所得については納税地の特例が設けられています（所法17、所令55など）。

(3)　納税地の指定

　上記(1)又は(2)による納税地が(1)又は(2)の支払をする者の支払事務の形態その他の状況からみて、源泉所得税の納税地として不適当であると認められる場合には、その納税地の所轄国税局長は、上記(1)又は(2)にかかわらず、その所得税の納税地を指定することができることとされています（所法18②）。

8 源泉所得税の納期限

(1) 納付期限

　源泉徴収義務者が国内において所得を支払う際に源泉徴収をした所得税は、その源泉徴収をした月の翌月10日までに納付しなければならないことになっています（所法181ほか）。しかし、非居住者又は外国法人に対し国外において国内源泉所得を支払った場合で、その支払者が一定の要件を備えているときは、国内で支払ったものとみなして所得税を源泉徴収をしなければなりませんが（前記3参照）、その納付期限は源泉徴収をした月の翌月末日とされます。

　この納付期限の日が、日曜日、祝日などの休日や土曜日に当たる場合には、これらの日の翌日が納付期限となります（通法10②、同施行令2②）。この納付期限までに納付されない場合には、源泉徴収義務者は延滞税や不納付加算税などを負担しなければならないことになります（通法60、67、68）。

(2) 納期の特例

　給与の支給人員が常時10人未満である源泉徴収義務者については、納付事務の負担を軽減するために、給与や退職手当、税理士等の報酬・料金について源泉徴収をした所得税を年2回にまとめて納付する、次のような納期の特例の制度が設けられています（所法216）。

源泉所得税の支払区分	納付期限
1月から6月までに支払った所得から源泉徴収をした所得税額	7月10日
7月から12月までに支払った所得から源泉徴収をした所得税額	翌年1月10日（納期限の特例の届出書を提出している者で一定の要件を満たす者については翌年1月20日）

　この納期の特例は、次に掲げる所得について徴収した所得税に限られます（所法216）。

　イ　給与及び退職手当（非居住者に支払ったこれらのものを含みます。）

　ロ　所得税法第204条第1項第2号に掲げる弁護士（外国法事務弁護士を含みます。）、司法書士、土地家屋調査士、公認会計士、税理士、社会保険労務士、弁理士、海事代理士、測量士、建築士等の業務に関する報酬又は料

金

　納期の特例の適用を受けるためには、所轄税務署長に「源泉所得税の納期の特例の承認に関する申請書」を提出した上でその承認を受けなければなりません（所法 217）。この納期の特例の適用を受けるための申請書の提出には、期限はありませんのでいつでも提出することができます。

　また、納期の特例の承認を受けている者が、その年 12 月 20 日までに「納期の特例適用者に係る納期限の特例に関する届出書」を所轄税務署長に提出すれば 7 月から 12 月までの間に源泉徴収をした所得税の納期限である翌年 1 月 10 日を翌年 1 月 20 日とする納期限の特例が適用されます（措法 41 の 6 ①）。

　この場合、届出書を提出した年及びその後の各年において、次のいずれかに該当する事実があるときは、この納期限の特例の適用はなく、その年 7 月から 12 月までの間に源泉徴収した所得税の納期限は、翌年 1 月 10 日となります（措法 41 の 6 ②）。

　イ　その年 12 月 31 日において源泉所得税の滞納があること
　ロ　その年 7 月から 12 月までの間に源泉徴収した所得税を翌年 1 月 20 日までに納付しなかったこと

2 源泉徴収の対象となる所得の特徴

1 給与所得に対する源泉徴収

(1) 給与所得の意義

 給与所得とは、俸給、給料、賃金、歳費及び賞与並びにこれらの性質を有する給与をいうと規定されています（所法28）。したがって、それは、人的役務の対価である所得のうち、雇用関係又はそれに類する関係において使用者の指揮・命令のもとに提供される非独立的、従属的労働の対価ということができます（最判 昭56.4.24）。しかし、給与所得として例示されているものからも理解されるように、典型的な雇用契約に基づき使用者から受ける対価にとどまらず、幅広く法人と役員との間の委任契約や雇用契約に類する請負契約などに基づく対価も給与所得として捉えられます。

 そのため、給与所得と他の所得との区分は必ずしも容易ではなく、退職所得や事業所得、雑所得などとの区分を巡って課税当局との争いも多くみられます。

(2) 給与所得の金額

 給与所得の金額は、その年中の給与等の収入金額から給与所得控除額を控除した残額とされています（所法28②）。また、その年分の各種所得の金額の計算上収入金額とすべき金額又は総収入金額に算入すべき金額は、別段の定めがあるものを除き、その年において収入すべき金額（金銭以外の物又は権利その他経済的な利益をもって収入する場合には、その金銭以外の物又は権利その他経済的な利益の価額）とするとされています（所法36①）。これらの経済的利益で給与の収入金額に係るものは一般に現物給与と呼ばれています。金銭以外の物又は権利その他経済的な利益の価額は、その物若しくは権利を取得し、又はその利益を享受する時における価額とするとされています（所法36②）。

(3) 現物給与（経済的利益）の形態

 現物給与（経済的利益）をその形態により分けると、次のようになります

(所基通36-15)。

イ 物品等の無償又は低価の譲渡による利益（所基通36-23、36-38の2など）
商品、製品等の値引販売や食事の無償支給などがあります。

ロ 土地・家屋等の無償又は低価の貸与による利益（所基通36-40～36-48）
役員又は使用人に対する社宅の貸与が代表的です。

ハ 金銭の無利息又は低利貸付けによる利益（所基通36-28）
レジャー資金や住宅資金の貸付けがあります。

ニ ロ及びハ以外の用役の無償又は低価の提供による利益（所基通36-29）
福利厚生施設（保養所や理髪施設など）の利用などの用役の提供等

ホ 個人的債務の免除又は負担による利益（所基通36-17）
借入金や貸与を受けた奨学金の返済を免除したり、個人的費用を負担した場合が該当します。

(4) 課税されない現物給与

所得税法では、「金銭以外の物又は権利その他の経済的な利益」も課税の対象とされていますので、現物給与も原則課税の対象となります。しかし、金銭給与とは異なり現物給与には次のような性質が認められ、しかもその多くは少額であるため、特定の現物給与については課税上金銭給与とは異なった取扱いが定められています。

イ 職務の性質上欠くことのできないもので主として使用者の業務遂行上の必要から支給されること

ロ 換金が不自由なこと

ハ その評価が困難なため受ける利益の程度が明確でないこと

ニ 受給者に物品などの選択の余地がないこと又はあっても少ないこと

(5) 給与所得控除

所得税は、原則としてその年中の収入金額から必要経費の額などを控除した残額を課税標準として課税することとされていますが、給与所得については、その年中の給与の収入金額から必要経費の概算控除の性格を有するとされる給与所得控除額を控除した残額（給与所得者の特定支出控除の特例の適用を受け

る場合には、適用後の金額）を課税標準とすることになっています。この給与所得控除額は、給与等の収入金額に応じて、次の表のように定められています（所法28③）。

【給与所得控除額の算式】

給与等の収入金額（A）		給与所得控除額
	1,625,000 円以下	650,000 円
1,625,000 円超	1,800,000 円 〃	（A）×40%
1,800,000 円 〃	3,600,000 円 〃	（A）×30% ＋ 180,000 円
3,600,000 円 〃	6,600,000 円 〃	（A）×20% ＋ 540,000 円
6,600,000 円 〃	10,000,000 円 〃	（A）×10% ＋1,200,000 円
10,000,000 円 〃		（A）× 5% ＋1,700,000 円

(6) 年末調整

　年末調整とは、給与の支払者がその年最後に給与の支払をする際に、給与所得者の各人ごとに、その年中に給与を支払う都度源泉徴収をした所得税の合計額と、その年中の給与の支給総額について納付すべき税額（年税額）とを比較してその過不足額を精算することをいいます。この年末調整は、給与所得以外に他に所得のない大部分の給与所得者にとっては、確定申告と同じ機能を果たす重要な手続です。

　なお、給与の収入金額が 2,000 万円（課税給与所得金額が 16,920,000 円）を超える場合は、年末調整の対象となりませんから、確定申告が必要となります。

　この年末調整は、毎月など定期的に給与を支払う際に税額表によって所定の税額を徴収していたとしても、その合計額とその年中の給与の支給総額に対して計算した年税額とは通常一致しませんので、そこで生じる過不足額を精算するために行うものです。一致しない理由としては、①扶養親族等の数が年の中途で異動すること、②月額表などの税額表が簡略に作られていること、③賞与に対する税額が概算で控除されていることなどが挙げられます。

　イ　年税額の計算

　　その年中の給与の支給総額について納付すべき税額（年税額）は、次の手順によって求めます。

a．次の速算表によって「税額（D）」を求めます。

（年末調整のための所得税額の速算表）

課税給与所得金額(A)		税率(B)	控除額(C)	税額(D)＝(A)×(B)－(C)
	1,950,000 円以下	5%	—	(A)× 5%
1,950,000 円超	3,300,000 円 〃	10%	97,500 円	(A)×10%－　 97,500 円
3,300,000 円 〃	6,950,000 円 〃	20%	427,500 円	(A)×20%－　427,500 円
6,950,000 円 〃	9,000,000 円 〃	23%	636,000 円	(A)×23%－　636,000 円
9,000,000 円 〃	16,920,000 円 〃	33%	1,536,000 円	(A)×33%－1,536,000 円

b．イで求めた「税額（D）」から住宅借入金等特別控除額を控除し、年税額を求めます。

なお、住宅借入金等特別控除の適用を受けない人については、「税額（D）」がそのまま年税額となります。この「税額（D）」に 100 円未満の端数があるときは、その端数は切り捨てます。

ロ　年末調整を行う時期

年末調整は、原則として、その年最後に給与を支払う際に行いますが（所法190）、これには、次のような特例があります。

a．年末の賞与を 12 月分の通常の給与より先に支払う場合の特例

12 月に賞与以外の通常の給与と賞与とを支払う場合で、賞与を先に支払うときには、賞与に対する税額計算の手数を省略する意味から、その賞与をその年最後に支払う給与とみなして、その賞与を支払う際に年末調整を行うことができます（所基通190-6）。

この場合には、後で支払う 12 月分の通常の給与の見積額とそれに対する源泉徴収税額の見積額とを含めたところで年末調整を行うことになりますので、12 月分の通常の給与の実際の支払額とそれに対する源泉徴収税額が見積額と異なることとなったときには、その 12 月分の通常の給与を支払う際に年末調整の再計算をします。

b．年の中途で退職等をした者の場合の特例

次の場合には、それぞれの場合に該当することとなった時に、その者について年末調整を行います。

① 給与の支払を受ける者が死亡により退職した場合
② 給与の支払を受ける者が海外の支店等に転勤したことにより非居住者となった場合
③ 給与の支払を受ける者が著しい心身の障害のため退職した場合で、退職の時期からみてその年中において再就職することができないと認められ、かつ、退職後その年中に給与の支払を受けることとなっていないとき
④ 給与の支払を受ける者が12月に支給期の到来する給与の支払を受けた後に退職した場合
⑤ パートタイマーなどとして働いている者などが年の中途で退職した場合で、その者がその年中に支払を受ける給与の総額が103万円以下であるとき（退職後その年中に他の勤務先等から給与の支払を受けると見込まれる場合を除きます。）

ハ　年末調整の対象とならない者

年末調整は、原則としてその年最後に給与の支払をする際に行いますが、次に掲げる者に支払われる給与は、年末調整の対象とはされません。

a．「給与所得者の扶養控除等申告書」を提出していない次のような者
　① 2か所以上から給与の支払を受けている者で、他の給与の支払者に「給与所得者の扶養控除等申告書」を提出している者（いわゆる乙欄適用者）
　② 労働した日又は時間によって算定され、しかも労働した日ごとに支払われる給与（日額表の丙欄を適用する給与）の支払を受けている者（日雇労働者など）
　③ 国内に、住所も1年以上の居所も有していない者（非居住者）
b．その年中に支払を受ける給与の収入金額が2,000万円を超える者
c．年の中途で退職した者（死亡退職者などを除きます。）
d．「災害被害者に対する租税の減免、徴収猶予等に関する法律」の規定によりその年中の給与に対する源泉所得税につき徴収猶予や還付を受け

た者
ニ　年末調整の対象となる給与

　年末調整の対象となる給与は、その年1月1日から12月31日までの間に支払うことが確定した給与です。したがって、実際にその給与を支払ったかどうかに関係なくその年中に支払うことが確定している給与は、たとえ未払であっても、その年中の給与に含めて年末調整を行うことになります。

2　退職所得に対する源泉徴収

(1)　退職所得の意義と範囲

　退職所得とは、退職手当、一時恩給、その他の退職により一時に受ける給与及びこれらの性質を有する給与（退職手当等という）に係る所得をいうとされています（所法30①）。したがって、退職手当とは、本来退職しなかったならば支払われなかったもので、退職したことに基因して一時に支払われることとなった給与をいいます（所基通30-1）。これが原則となりますが、一方、これらの性質を有する給与とは、退職に準ずる原因に基づき過去の勤務の対価として、引き続き勤務する者に一時支払われる給与をいいます。つまり退職の事実はないけれども退職と同視できるような事情がある者に対して支払われる一時の給与については退職手当等とするものです（所基通30-2）。

　具体的には、①現実に退職しなくても新たに退職給与規程を制定し、又は従来の退職給与規程を改正した場合において、使用人に対し制定又は改正前の勤続期間に係る退職手当等として支払う給与や、②使用人から役員になった者に使用人であった勤続期間に係る退職手当等として支払う給与、あるいは③定年に達した後引き続き勤務する使用人に対し、その定年に達する前の勤務期間に係る退職手当等として支払う給与などをいいます。また、④役員が分掌変更等によりその職務内容や地位が激変したことに伴い、分掌変更前の役員期間に係る退職手当等として支払う給与なども退職手当等とされます。

　このほか、退職手当等とみなされる一時金として国民年金法、厚生年金保険法、各種共済組合法等の規定に基づく一時金、確定給付企業年金法に基づいて

支給される退職一時金、中小企業基盤整備機構が支給する共済金又は解約手当金、確定拠出年金法の老齢給付金として支給される一時金などがあります（所法31、所令72②）。このほか、過去の勤務に基づき使用者であった者から支給される年金に代えて支払われる一時金、解雇予告手当及び未払賃金立替払制度に基づき国が弁済する未払賃金も退職所得として取り扱われています（所基通30-3～30-5、31-1、措法29の6）。

(2) 退職所得の課税標準

退職所得は、その年中に支払を受ける退職手当の収入金額から、勤続年数に応じて計算した退職所得控除額を控除した残額の2分の1に相当する金額を課税標準として、他の所得と分離して課税することとされています（所法22①③、30①②、121②）。

(3) 退職所得の課税年分

退職所得の収入金額の収入すべき時期は、一般的には、その支給の基因となった退職の日によるものとされていますが、その他次のような時期とされるものがあります（所基通36-10）。

イ 役員に支給される退職手当で、その支給について株主総会その他正当な権限ある機関の決議を要するものは、その役員の退職後その決議があった日

ロ 退職給与規程の改訂が既往に遡って実施されたため支給される新旧退職手当の差額に相当する退職手当は、支給日が定められていればその支給日、定められていなければ、その改訂の効力が生じた日

ハ 退職手当とみなされる一時金は、その一時金の支給の基礎となる法令、契約、規程又は規約により定められた給付事由が生じた日

(4) 退職所得控除額等の計算

通常の場合の勤続年数及び退職所得控除額の計算は次により行います。

イ 勤続年数の計算

勤続年数は、退職手当の支払者の下においてその退職手当の支払の基因となった退職の日まで引き続き勤務した期間（以下「勤続期間」といいます。）

によって計算しますが、次の場合には、次により計算します。

　a．1年未満の端数がある場合は、その端数は1年に切り上げて勤続年数を計算します（所令69②）。

　b．長期欠勤や休職（他に勤務するための休職を除きます。）の期間も、勤続期間に含まれます（所基通30-7）が、日々雇い入れられる者であったため、支給を受ける給与について日額表の丙欄の適用を受けていた期間は、勤続期間には含まれません（所基通30-9）。

ロ　退職所得控除額の計算

　イにより計算した勤続年数に基づき、次の表の算式により通常の場合の退職所得控除額を計算します（所法30③、所令69①一）。

勤続年数	退職所得控除額
20年以下の場合	40万円×勤続年数
20年を超える場合	800万円＋70万円×（勤続年数－20年）

　なお、退職手当の支払を受ける人がその支払者の下で、退職の日までの間に一時勤務しなかった期間がある場合等の特殊の場合の勤続年数の計算については、詳細に規定されていますがここでは省略します。また、退職所得控除額の計算についても、上記の表により計算した退職所得控除額が80万円に満たない場合には80万円とされます（所法30④二）し、障害者となったことに直接基因して退職する場合には勤続年数により計算した金額にさらに100万円を加算した金額とされる（所法30④三）などの特例があります。

(5)　退職所得の源泉徴収

イ　退職所得の受給に関する申告書の提出があった場合

　a．「退職所得の受給に関する申告書」にその年中に支払済みの他の退職手当がない旨の記載がある場合

　その支払う退職手当の金額から「退職所得控除額の表」により支払を受ける人の勤続年数等に応じた退職所得控除額を控除した残額の2分の1に相当する金額（課税退職所得金額）を求め、この課税退職所得金額に応じて、次の「退職所得の源泉徴収税額の速算表」の「税額」欄に示されている算式に

従って税額を求めます(所法201①②、所法別表第6)。

(退職所得の源泉徴収税額の速算表)

課税退職所得金額(A)	税率(B)	控除額(C)	税額=(A)×(B)-(C)
1,950,000 円以下	5%	—	A×5%
1,950,000 円超 3,300,000 〃	10%	97,500 円	A×10% - 97,500 円
3,300,000 〃 6,950,000 〃	20%	427,500 円	A×20% - 427,500 円
6,950,000 〃 9,000,000 〃	23%	636,000 円	A×23% - 636,000 円
9,000,000 〃 18,000,000 〃	33%	1,536,000 円	A×33% - 1,536,000 円
18,000,000 〃	40%	2,796,000 円	A×40% - 2,796,000 円

(注) 課税退職所得金額に1,000円未満の端数、税額に100円未満の端数があるときは、これらを切り捨てます。

　b．「退職所得の受給に関する申告書」にその年中に支払済みの他の退職手当がある旨の記載がある場合

　その退職手当の金額とその申告書に記載された支払済みの他の退職手当の金額とを合計し、その合計額につき、上記と同様に「退職所得の源泉徴収税額の速算表」の「税額」欄に示されている算式に従って税額を求め、求めた税額から支払済みの他の退職手当について徴収された税額を控除した残額により、源泉徴収を行います。

ロ　退職所得の受給に関する申告書の提出がなかった場合

　その退職手当の支払金額(退職所得控除額の控除前の金額)に20%の税率を乗じて計算した税額により、源泉徴収を行います(所法201③)。

3　公的年金等に対する源泉徴収

　公的年金等に係る所得は、利子所得、配当所得、事業所得、給与所得など他のいずれの所得区分にも該当しないため、雑所得とされていますが、通常の雑所得とは異なった所得の計算方法が採用されています。すなわち、雑所得の金額は、公的年金等に係る雑所得と公的年金等以外の雑所得とそれぞれ別に計算することとされ、公的年金等以外の雑所得については、その年中の総収入金額から必要経費を控除した金額とされますが、公的年金等に係る雑所得については、その年中の公的年金等の収入金額から公的年金等控除額を控除した残額と

されています。

　また、公的年金等の受給者については、生命保険料控除、地震保険料控除、社会保険料控除などは源泉徴収の段階では織り込まれておらず、年末調整を行わないこととされているため、源泉徴収された税額とその年に納付すべき税額との差額については、確定申告で精算することとされています。

(1) 公的年金等の範囲

　公的年金等の範囲は、大きく3グループに分けられます（所法35③、所令82の2①）。

　イ　次に掲げる法律の規定に基づく年金又は制度に基づく年金（これに類する給付を含みます。）

　　①国民年金法、②厚生年金保険法、③国家公務員共済組合法、④地方公務員等共済組合法、⑤私立学校教職員共済法、⑥独立行政法人農業者年金基金法、⑦昭和60年法律第34号の規定による改正前の船員保険法、⑧厚生年金保険法附則第28条に規定する共済組合が支給する年金、⑨旧令による共済組合等からの年金受給者のための特別措置法、⑩厚生年金保険制度及び農林漁業団体職員共済組合制度の統合を図るための農林漁業団体職員共済組合法等を廃止する等の法律附則又は同法第1条の規定による廃止前の農林漁業団体職員共済組合法、⑪石炭鉱業年金基金法

　ロ　恩給（一時恩給を除きます。）及び過去の勤務に基づき使用者であった者から支給される年金（いわゆる自社年金といわれるものですが、地方公務員の退職年金条例の規定による退職年金もこれに該当します。また、廃止前の国会互助年金法の規定に基づく普通退職年金も該当すると解されています。）

　ハ　確定給付企業年金法の規定に基づいて支給される年金、特定退職金共済団体の支給する年金、外国年金、中小企業退職金共済法に規定する分割払の方法により支給される分割退職金、小規模企業共済法に規定する共済契約に基づく分割共済金、適格退職年金及び確定拠出年金法に基づいて企業型年金規約又は個人型年金規約により老齢給付金として支給される年金

(2) 公的年金等に係る雑所得の金額

公的年金等に係る雑所得の金額は、その年中の公的年金等の収入金額から公的年金等控除額を控除した残額とされています(所法35②一)。この公的年金等控除額は次の表により求めた金額となります(所法35④、措法41の15の3)。

受給者の区分	その年中の公的年金等の収入金額(A)		公的年金等控除額
年齢65歳以上		3,300,000円以下	1,200,000円
	3,300,000円超	4,100,000円 〃	(A)×25% + 375,000円
	4,100,000円 〃	7,700,000円 〃	(A)×15% + 785,000円
	7,700,000円 〃		(A)× 5% +1,555,000円
年齢65歳未満		1,300,000円以下	700,000円
	1,300,000円超	4,100,000円 〃	(A)×25% + 375,000円
	4,100,000円 〃	7,700,000円 〃	(A)×15% + 785,000円
	7,700,000円 〃		(A)× 5% +1,555,000円

(3) 公的年金等の源泉徴収

居住者に対し国内において公的年金等の支払をする者は、その支払の際、次の区分に応じ所得税を源泉徴収しなければなりません(所法203の2)。

イ 扶養親族等申告書の提出がある場合

　a．源泉徴収税額の計算

　　源泉徴収税額は、次の算式により求めた金額となります。

　　　源泉徴収税額=(公的年金等の支給金額-控除額)×5%(1円未満の端数切捨て)

　b．控除額の計算

　　　控除額=(基礎的控除額+人的控除額)×月数(その支給金額の計算の基礎となった期間の月数)

　なお、次に掲げる年金又は給付については、上記算式の控除額からそれぞれ所定の金額を減額した金額が控除額とされます。

　① 厚生年金保険法の規定により厚生年金基金又は企業年金連合会が支給する老齢年金

② 国家公務員共済組合法、地方公務員等共済組合法又は私立学校教職員共済法に掲げる退職共済年金（一部のものを除きます。）
③ 独立行政法人農業者年金基金法に掲げる農業者老齢年金
④ 国民年金法の規定により国民年金基金又は国民年金基金連合会が支給する年金
⑤ 農林漁業団体職員共済組合制度の統合を図るための農林漁業団体職員共済組合法等を廃止する等の法律附則又は同法第1条の規定による廃止前の農林漁業団体職員共済組合法の規定に基づく特例年金給付

① 基礎的控除額（所法203の3、措法41の15の3②）

受給者の区分	控除額
年齢65歳以上の人	公的年金等の支給金額の月割額×25％＋6万5,000円 （計算した金額が13万5,000円未満の場合には、13万5,000円）
年齢65歳未満の人	公的年金等の支給金額の月割額×25％＋6万5,000円 （計算した金額が9万円未満の場合には、9万円）

(注) 公的年金等の支給金額の月割額は、公的年金等の金額をその公的年金等の支給の計算の基礎となった月数で除して計算し、その金額が4円の整数倍でないときは、その金額を超える4円の整数倍である金額のうち最も少ない金額となります（所令319の5、319の7①）。

② 人的控除額

平成23年1月1日以後に支払うべき公的年金等については、次により求めた金額の合計額となります（所法203の3一）。

区　分	内　　容		控除額
本人に関するもの(注)1	ⅰ 障害者に該当する場合	一般の障害者	22,500円
		特別障害者	35,000円
控除対象配偶者及び扶養親族に関するもの	ⅱ 控除対象配偶者がいる場合	一般の控除対象配偶者	32,500円
		老人控除対象配偶者	40,000円
	ⅲ 控除対象扶養親族がいる場合	一般の控除対象扶養親族1人につき	32,500円
		老人扶養親族1人につき	40,000円
		特定扶養親族1人につき	52,500円

ⅳ 控除対象配偶者及び扶養親族の人が障害者に該当する場合（注）2	一般の障害者1人につき	22,500円
	特別障害者1人につき	35,000円
	同居特別障害者1人につき	62,500円

（注）1　平成25年1月1日以後支払うべき公的年金等について本人が寡婦（寡夫）に該当する場合には、22,500円（特別の寡婦の場合には30,000円）が控除されます。
（注）2　障害者に該当する場合の控除は扶養親族が年齢16歳未満である場合においても適用されます。

　ロ　扶養親族等申告書の提出がない場合（所法203の3三）
　　ａ．源泉徴収税額の計算
　　　源泉徴収税額＝（公的年金等の支給金額－控除額）×10％
　　ｂ．控除額の計算
　　　控除額＝公的年金等の支給金額×25％

4　報酬・料金等に対する源泉徴収

(1)　報酬・料金等の意義

　報酬、料金等は、給与所得及び退職所得のようにその所得の種類に応じて源泉徴収の範囲を定めたものとは異なり、通常、事業所得や一時所得、雑所得に区分される性質を有する種々の所得、例えば、原稿の報酬や講演料、著作権の使用料、弁護士等の士業といわれる者の業務に関する報酬などをその源泉徴収の対象としています。したがって、報酬・料金等については、その意義や範囲を一般的に表すことは困難といわれています。これらの報酬、料金等に対する源泉徴収は、昭和19年に初めて導入されて以来、徐々にその範囲を拡大して現在に至っています。

　なお、その報酬・料金等が給与所得又は退職所得に該当するものについては、報酬・料金等に対する源泉徴収の適用はありません（所法204②一）。この場合には、給与所得又は退職所得としての源泉徴収の対象となります。

(2)　源泉所得税額の計算

　報酬・料金等についての源泉所得税額は、その支払金額に10％の税率を乗

じて求めるのが一般的ですが、一人につき1回に支払われる金額が100万円を超える場合には、100万円を超える部分については、20%の税率を乗じることとされているものがあります（所法205①）。また、支払金額から所定の控除額（1万円、5万円、50万円など）を控除した残額に税率を乗じて計算するものもあります（所法205②、所令322）。各報酬・料金等の具体的な源泉徴収税額の計算方法は、次の(3)に掲げる各表の（注）書を参照してください。

(3) 報酬・料金等の範囲

　源泉徴収の対象となる報酬・料金等の範囲については、以下の表にまとめてあります。この表のロ、ニ又はヘには弁護士や職業野球の選手、外交員又はホステス等の業務に関する報酬・料金等が掲げられていますが、これらの報酬・料金等には、その職業に固有の業務に関するものはもとより、その地位に基づいて支払を受ける役務の提供の対価も含まれます。

　イ　原稿料、作曲料、放送謝金、工業所有権や著作権の使用料等の報酬・料金（所法204①一）

区　分	左の報酬・料金に該当するもの
原稿の報酬	①原稿料、②演劇、演芸の台本の報酬、③口述の報酬、④映画のシノプス（筋書）料、⑤文、詩、歌、標語等の懸賞の入賞金、⑥書籍等の編さん料又は監修料
挿絵の報酬	書籍、新聞、雑誌等の挿絵の料金
写真の報酬	雑誌、広告その他の印刷物に掲載するための写真の報酬・料金
作曲の報酬	作曲、編曲の報酬
レコード、テープ又はワイヤーの吹き込みの報酬	レコード、テープ、ワイヤーの吹込料／映画フィルムのナレーションの吹き込みの報酬
デザインの報酬	(1) 次のようなデザインの報酬 ① 工業デザイン（自動車、オートバイ、テレビジョン受像機、工作機械、カメラ、家具等のデザイン及び織物に関するデザイン） ② クラフトデザイン（茶わん、灰皿、テーブルマットのようないわゆる雑貨のデザイン） ③ グラフィックデザイン（広告、ポスター、包装紙等のデザイン）

	④　パッケージデザイン（化粧品、薬品、食料品等の容器のデザイン） ⑤　広告デザイン（ネオンサイン、イルミネーション、広告塔等のデザイン） ⑥　インテリアデザイン（航空機、列車、船舶の客室等の内部装飾、その他の室内装飾） ⑦　ディスプレイ（ショーウィンドー、陳列棚、商品展示会場等の展示装飾） ⑧　服飾デザイン（衣服、装身具等のデザイン） ⑨　ゴルフ場、庭園、遊園地等のデザイン (2)　映画関係の原画料、線画料又はタイトル料 (3)　テレビジョン放送のパターン製作料 (4)　標章の懸賞の入賞金
放送謝金	ラジオ放送、テレビジョン放送等の謝金等
著作権の使用料	書籍の印税、映画、演劇又は演芸の原作料、上演料等／著作物の複製、上演、演奏、放送、展示、上映、翻訳、編曲、脚色、映画化その他著作物の利用又は出版権の設定の対価
著作隣接権の使用料	レコードの吹き込みによる印税等
工業所有権等の使用料	工業所有権、技術に関する権利、特別の技術による生産方式又はこれらに準ずるものの使用料
講演の報酬・料金	講演を依頼した場合の講師に支払う謝金
技芸、スポーツ、知識等の教授・指導料	技芸、スポーツその他これらに類するもの（実技指導等）の教授若しくは指導又は知識の教授の報酬・料金（生け花、茶の湯、舞踊、囲碁、将棋等の遊芸師匠に対し実技指導の対価として支払う謝金等／編物、ペン習字、着付、料理、ダンス、カラオケ、民謡、語学、短歌、俳句等の教授・指導料／各種資格取得講座の講師謝金等を含みます。）
脚本の報酬・料金	映画、演劇、演芸等の脚本料
脚色の報酬・料金	①潤色料（脚本の修正、補正料）、②プロット料（粗筋、構想料）等
翻訳の報酬・料金	翻訳の料金
通訳の報酬・料金	通訳の料金
校正の報酬・料金	書籍・雑誌等の校正の料金
書籍の装丁の報酬・料金	書籍の装丁料
速記の報酬・料金	速記料

版下の報酬・料金	①原画又は原図から直ちに凸版、凹版、平版等を製版することが困難である場合に、その原画又は原図を基として製版に適する下画又は下図を写調する報酬・料金、②原画又は原図を基として直接亜鉛版（ジンク版）に写調する報酬・料金、③活字の母型下を作成する報酬・料金、④写真製版用写真原版の修整料
投資助言業務に係る報酬・料金	金融商品取引法第28条第6項に規定する投資助言業務に係る報酬・料金

(注) 1 源泉徴収する所得税の額は、報酬・料金の額に10％（同一人に対し1回に支払われる金額が100万円を超える場合には、その超える部分については、20％）を乗じて計算した金額です。
　　 2 上記の報酬・料金のうち、次のいずれかに該当するもので、同一人に対して1回に支払うべき金額がおおむね5万円以下のものについては、源泉徴収をしなくて差し支えありません（所基通204-10）。
　　　① 懸賞応募作品等の入選者に支払う賞金等
　　　② 新聞、雑誌等の読者投稿欄への投稿者又はニュース写真等の提供者に支払う謝金等（あらかじめその投稿又は提供を委嘱した人にその対価として支払うものを除きます。）
　　　③ ラジオやテレビジョン放送の聴視者番組への投稿者又はニュース写真等の提供者に支払う謝金等（あらかじめその投稿又は提供を委嘱した人にその対価として支払うものを除きます。）

　ロ　弁護士、公認会計士、税理士、社会保険労務士、測量士等の業務に関する報酬・料金（所法204①二）

区　分	左の報酬・料金に該当するもの
弁護士、外国法事務弁護士、公認会計士、税理士、計理士、会計士補、社会保険労務士又は弁理士の業務に関する報酬・料金	弁護料、監査料その他名義のいかんを問わず、その業務に関する一切の報酬・料金 （注）支払時期及び金額があらかじめ一定しているもの等で、給与所得に当たるかその業務に関する報酬・料金に当たるかが明らかでないものは、これらの人が勤務時間や勤務場所などについて、その支払者の指揮命令に服しており、一般の従業員や役員と勤務形態において差異が認められない場合には給与所得、事業としての独立性がある場合にはその業務に関する報酬・料金となります。
企業診断員の業務に関する報酬・料金	①中小企業診断士の業務に関する報酬・料金、②企業の求めに応じてその企業の状況について調査及び診断を行い、又は企業経営の改善及び向上のための指導を行う人（経営士、経営コンサルタント、労務管理士等と称されているもの）のその業務に関する報酬・料金

司法書士の業務に関する報酬・料金	裁判所、検察庁、法務局又は地方法務局に提出する書類の作成その他の業務に関する報酬・料金
土地家屋調査士の業務に関する報酬・料金	不動産の表示に関する登記につき必要な土地又は家屋に関する調査、測量又は官公庁に対する申請手続その他の業務に関する報酬・料金
海事代理士の業務に関する報酬・料金	船舶法、船舶安全法、船員法、海上運送法又は港湾運送事業法の規定に基づく申請、届出、登記その他の手続又はこれらの手続に関する書類の作成その他の業務に関する報酬・料金
測量士又は測量士補の業務に関する報酬・料金	測量に関する計画の作成、その計画の実施その他の業務に関する報酬・料金 (注) 個人の測量業者等で測量士等の資格を有しない人が測量士等の資格を有する使用人を雇用している場合に、その測量業者等に支払われるこれらの業務に関する報酬・料金も源泉徴収の対象とされます。
建築士の業務に関する報酬・料金	①建築物の設計、工事監理を行ったことに対して支払う報酬・料金、②建築工事の指導監督を行ったことに対して支払う報酬・料金、③建築工事契約に関する事務を行ったことに対して支払う報酬・料金、④建築物に関する調査又は鑑定を行ったことに対して支払う報酬・料金、⑤建築に関する法令又は条例に基づく手続の代理を行ったことに対して支払う報酬・料金 (注)1 個人の建築業者等で建築士の資格を有しない人が建築士の資格を有する使用人を雇用している場合に、その建築業者等に支払われるこれらの業務に関する報酬・料金も源泉徴収の対象とされます。 2 建築士には、建築士法第23条に規定する建築士事務所の登録を受けていない人も含まれます。
建築代理士の業務に関する報酬・料金	建築代理士(建築代理士以外の人で、建築に関する申請や届出の書類を作成し、又はこれらの手続の代理をすることを業とする人を含みます。)の業務に関する報酬・料金 (注) 個人の建築業者等で建築代理士の資格を有しない人が建築代理士の資格を有する使用人を雇用している場合に、その建築業者等に支払われるこれらの業務に関する報酬・料金も源泉徴収の対象とされます。
不動産鑑定士又は不動産鑑定士補の業務に関する報酬・料金	不動産の鑑定評価その他の業務に関する報酬・料金 (注) 個人の建築業者等で不動産鑑定士等の資格を有しない人が不動産鑑定士等の資格を有する使用人を雇用している場合に、その建築業者等に支払われるこれらの業務に関する報酬・料金も源泉徴収の対象とされます。

技術士又は技術士補の業務に関する報酬・料金	技術士又は技術士補のその業務に関する報酬・料金のほか、技術士又は技術士補の資格を有しないで科学技術（人文科学だけを対象とするものを除きます。）に関する高等の専門的応用能力を必要とする事項について計画、研究、設計、分析、試験、評価又はこれらに関する指導の業務（他の法律においてその業務を行うことが制限されている業務を除きます。）を行う人のその業務に関する報酬・料金 （注）上記の「他の法律においてその業務を行うことが制限されている業務」には、次のようなものがあります。 　1　電気事業法第43条（（主任技術者））に規定する主任技術者の業務 　2　ガス事業法第31条（（ガス主任技術者））に規定するガス主任技術者の業務 　3　医師法第17条（（非医師の医業禁止））に規定する医師の業務 　4　薬事法第7条（（薬局の管理））又は第17条（（総括製造販売責任者等の設置））の規定により薬剤師等が行うべき管理の業務 　5　電離放射線障害防止規則（昭和47年労働省令第41号）第47条各号（（エックス線作業主任者の職務））に規定するエックス線作業主任者の業務 　6　食品衛生法第48条第1項（（食品衛生管理者））に規定する食品衛生管理者の業務
火災損害鑑定人又は自動車等損害鑑定人の業務に関する報酬・料金	社団法人日本損害保険協会に火災損害登録鑑定人若しくは火災損害登録鑑定人補又は自動車等損害鑑定人（自動車又は建設機械の保険事故に関して損害額の算定又は調査を行うことを業とするいわゆるアジャスターをいいます。）として登録された人に対する報酬・料金でその業務に関するもの

（注）1　源泉徴収する所得税の額は、報酬・料金の額に10％（同一人に対し1回に支払われる金額が100万円を超える場合には、その超える部分については、20％）を乗じて計算した金額です。ただし、司法書士、土地家屋調査士及び海事代理士の業務に関する報酬については、（報酬・料金の額－1回の支払につき1万円）×10％により計算した金額です。
　　　2　報酬・料金の支払者が、上記区分欄の者に対し委嘱事項に関連して支払う金銭等であっても、その支払者が国や地方公共団体に対し、登記、申請等をするため、本来納付すべきものとされている登録免許税、手数料等に充てるものとして支払われたことが明らかなものについては、源泉徴収をする必要はありません（所基通204-11）。

ハ 医師等に対し社会保険診療報酬支払基金が支払う診療報酬（所法204①三）

区　分	左の報酬・料金に該当するもの
診療報酬	社会保険診療報酬支払基金法の規定により同基金が支払う診療報酬

(注) 源泉徴収する所得税の額は、(診療報酬の額－その月分として支払われる金額につき20万円)×10％により計算した金額です。

ニ プロ野球の選手、職業拳闘家、プロサッカーの選手、プロテニスの選手、プロゴルファー、プロボウラー、競馬の騎手、モデル、外交員、集金人、電力量計の検針人等の業務に関する報酬・料金（所法204①四）

区　分	左の報酬・料金に該当するもの
職業野球の選手の業務に関する報酬・料金	選手、監督、コーチャー、トレーナー又はマネージャーに対し選手契約に定めるところにより支払われるすべての手当、賞金品等
職業拳闘家の業務に関する報酬・料金	プロボクサーに支払われるファイトマネー、賞金品その他その業務に関する報酬・料金
プロサッカーの選手の業務に関する報酬・料金	プロサッカーの選手に支払われる定期報酬、出場料、成功報酬その他その業務に関する報酬・料金
プロテニスの選手の業務に関する報酬・料金	プロテニスの選手に支払われる専属契約料、入賞賞金、出場料その他その業務に関する報酬・料金
プロレスラーの業務に関する報酬・料金	プロレスラーに支払われるファイトマネー、賞金品その他その業務に関する報酬・料金
プロゴルファーの業務に関する報酬・料金	プロゴルファーに支払われるその業務に関する賞金品、手当その他の報酬・料金
プロボウラーの業務に関する報酬・料金	プロボウラーに支払われるその業務に関する賞金品、手当その他の報酬・料金
自動車のレーサーの業務に関する報酬・料金	サーキット場で行われるレース、ラリー、モトクロス、トライアル等の自動車（原動機を用い、かつ、レール又は架線によらないで運転する車をいいます。）の競走・競技に出場するドライバー、ライダー等に支払われる賞金品その他その業務に関する報酬・料金
競馬の騎手の業務に関する報酬・料金	競馬の騎手に支払われるその業務に関する報酬・料金

自転車競技の選手、小型自動車競走の選手又はモーターボート競走の選手の業務に関する報酬・料金	普通賞金、特別賞金、寄贈賞、特別賞（先頭賞、記録賞、敢闘賞、副賞）、参加賞その他競技に出場することによって支払われるすべてのもの （注）小型自動車競走の選手とは、小型自動車競走法第11条第1項《小型自動車競走の審判員等の登録》に規定する選手をいいます。
モデルの業務に関する報酬・料金	(1) ファッションモデル等の報酬・料金 (2) 雑誌、広告その他の印刷物にその容姿を掲載させることにより支払われる報酬・料金
外交員、集金人又は電力量計の検針人の業務に関する報酬・料金	(1) 外交員、集金人又は電力量計の検針人にその地位に基づいて保険会社等から支払われる報酬・料金 （注）1 その報酬・料金が職務を遂行するために必要な旅費とそれ以外の部分とに明らかに区分されている場合…旅費に該当する部分は非課税とされ、それ以外の部分は給与所得とされます。 　　　2 1以外の場合で、その報酬・料金が固定給（一定期間の募集成績等によって自動的にその額が定まるもの及び一定期間の募集成績等によって自動的に格付けされる資格に応じてその額が定まるものを除きます。以下この項において同じ。）とそれ以外の部分とに明らかに区分されているとき…固定給（固定給を基準として支給される臨時の給与を含みます。）は給与所得、それ以外の部分は外交員等の報酬・料金とされます。 　　　3 1及び2以外の場合…その報酬・料金の支払の基因となる役務を提供するために要する旅費等の費用の額の多寡その他の事情を総合勘案し、給与と認められるものについてはその総額を給与所得、その他のものについてはその総額が外交員等の報酬・料金とされます。 (2) 製造業者又は卸売業者等が、特約店等に専属するセールスマン又は専ら自己の製品等を取り扱う特約店等の従業員等に対し、取扱数量又は取扱金額に応じてあらかじめ定められているところにより交付する金員

（注）源泉徴収する所得税の額は、報酬・料金の額に10％（同一人に対し1回に支払われる金額が100万円を超える場合には、その超える部分については、20％）を乗じて計算した金額です。ただし、次の者の業務に関する報酬・料金については、次により計算した金額とされています。
① 職業拳闘家…（報酬・料金の額－1回の支払につき5万円）×10％
② 外交員、集金人又は電力量計の検針人…（報酬・料金の額－同一人対してその月中に支払われる金額について12万円）×10％、この場合、他に給与の支払があるときは、12万円からその月中に支払われる給与の金額を控除した残額を報酬・料金の額から差し引きます。

ホ 映画、演劇その他の芸能又はラジオ放送やテレビジョン放送の出演や演出又は企画の報酬・料金、芸能人の役務の提供を内容とする事業を行う者のその役務提供に関する報酬・料金（所法204①五）

区　分	左の報酬・料金に該当するもの
映画、演劇その他芸能又はラジオ放送やテレビジョン放送の出演や演出又は企画の報酬・料金	映画、演劇、音楽、音曲、舞踊、講談、落語、浪曲、漫談、漫才、腹話術、歌唱、奇術、曲芸や物まね又はラジオ放送やテレビジョン放送の出演や演出又は企画の報酬・料金 （注）1 「演出の報酬・料金」には、指揮、監督、映画や演劇の製作、振付け（剣技指導その他これに類するものを含みます。）、舞台装置、照明、撮影、演奏、録音（擬音効果を含みます。）、編集、美粧又は考証の報酬・料金が含まれます。 2 「ラジオ放送やテレビジョン放送の出演の報酬・料金」には、クイズ放送又はいわゆるのど自慢放送の審査員に対する報酬・料金も含まれます。 3 「映画や演劇の製作、編集の報酬・料金」には、映画又は演劇関係の監修料（カット料）又は選曲料が含まれます。 4 いわゆる素人のど自慢放送、クイズ放送の出演者に対し放送のスポンサー等から支払われる賞金品等は、チの賞金に該当します。
芸能人の役務の提供を内容とする事業を行う人のその役務提供に関する報酬・料金	映画や演劇の俳優、映画監督や舞台監督（プロデューサーを含みます。）、演出家、放送演技者、音楽指揮者、楽士、舞踊家、講談師、落語家、浪曲師、漫談家、漫才家、腹話術師、歌手、奇術師、曲芸師又は物まね師の役務の提供を内容とする事業を行う人のその役務提供に関する報酬・料金 （注）1 「役務提供に関する報酬・料金」とは、不特定多数の人から支払われるものを除き、芸能人の役務の提供の対価たる性質を有する一切のものをいいますから、その報酬・料金には、演劇を製作して提供する対価や芸能人を他の劇団、楽団等に供給したり、芸能人の出演をあっせんしたりすることにより支払われる対価はもちろん、次のようなものも含まれます。 　なお、脚本、楽曲等を提供することにより支払われる対価のように著作権の対価に該当するものは、上記の報酬・料金には含まれません。 ⑴ テレビジョンやラジオの放送中継料又は雑誌、カレンダー等にその容姿を掲載させるなどのために芸能人を供給したり、あっせんすることにより支払われる対価 ⑵ 芸能人の実演の録音、録画、放送又は有線放送につき著作隣接権の対価として支払われるもの（実演について

	の録音物の増製又は著作権法第94条第1項各号に掲げる放送につき支払われるもので、その実演による役務の提供に対する対価と併せて支払われるもの以外のものを除きます。) (3) 大道具、小道具、衣装、かつら等の使用による損耗の補てんに充てるための道具代、衣装代等又は犬、猿等の動物の出演料等として支払われるもの(これらの物だけを貸与したり、これらの動物だけを出演させることにより支払われる対価を除きます。) 2 事業を営む個人が特定の要件に該当するものとして所轄税務署長から源泉徴収を要しないことの証明書の交付を受け、その証明書を提示して支払を受けるものについては、源泉徴収をする必要ありません。

(注) 源泉徴収する所得税の額は、報酬・料金の額に10%(同一人に対し1回に支払われる金額が100万円を超える場合には、その超える部分については、20%)を乗じて計算した金額です。

ヘ ホステス、バンケットホステス・コンパニオン等の業務に関する報酬・料金(所法204①六、措法41の20)

区 分	左の報酬・料金に該当するもの
ホステス、バンケットホステス・コンパニオン等の業務に関する報酬・料金	(1) キャバレー、ナイトクラブ、バーその他これらに類する施設でフロアにおいて客にダンスをさせ、又は客に接待をして遊興や飲食をさせるものにおいて、客に侍してその接待をすることを業務とするホステスその他の人のその業務に関する報酬・料金 (2) ホテル、旅館、飲食店その他飲食をする場所(臨時に設けられたものを含みます。)で行われる飲食を伴うパーティー等の会合において、専ら接待等の役務の提供を行うことを業務とするいわゆるバンケットホステス・コンパニオン等のその業務に関する報酬・料金

(注)1 源泉徴収する所得税の額は、(報酬・料金の額−控除金額)×10%により計算した金額です。控除金額は、同一人に対し1回に支払われる金額について、5,000円にその支払金額の計算期間の日数を乗じて計算した金額となります。なお、別に給与の支払をする場合には、その計算した金額からその計算期間の給与の額を控除した残額となります。
2 バー等の経営者(キャバレー、ナイトクラブ、バーその他これらに類する施設の経営者及びバンケットホステス・コンパニオン等をホテル、旅館等に派遣して接待等の業務を行わせることを内容とする事業を営む者)以外の者から支払われるこれらの報酬・料金は、源泉徴収の対象とはなりません。しかし、客からバー等の経営者を通じてホステス、バンケットホステス・コンパニオン等に支払われるものは、バー等の経営者が支払うものとして源泉徴収を行うことになります

(所法204③、措法41の20②)。

ト　役務の提供を約することにより一時に支払われる契約金（所法204①七）

区　分	左の報酬・料金に該当するもの
役務の提供を約すること等により一時に支払われる契約金	職業野球の選手、その他一定の者に専属して役務を提供する人が、その一定の者のために役務を提供し、又はそれ以外の者のために役務を提供しないことを約することにより一時に支払われる契約金

（注）源泉徴収する所得税の額は、報酬・料金の額に10％（同一人に対し1回に支払われる金額が100万円を超える場合には、その超える部分については、20％）を乗じて計算した金額です。

チ　事業の広告宣伝のための賞金、馬主が受ける競馬の賞金（所法204①八、所法174十）

区　分	左の報酬・料金に該当するもの
事業の広告宣伝のための賞金	事業の広告宣伝のために賞として支払う金品その他の経済上の利益（いわゆる素人のど自慢放送、クイズ放送の出演者に対し、番組のスポンサー等から支払われる賞金品等） （注）賞金品が物品で支払われる場合の評価は、次によります（所基通205-9）。 　(1)　公社債、株券又は貸付信託、投資信託若しくは特定目的信託の受益証券……支払われることとなった日の価額 　(2)　商品券……券面額 　(3)　貴石、貴金属、真珠、さんご等やこれらの製品又は書画、骨とう、美術工芸品……支払われることとなった日の価額 　(4)　土地又は建物……支払われることとなった日の価額 　(5)　定期金に関する権利又は信託の受益権……相続税法又は財産評価基本通達（昭39直資56）に定めるところに準じて評価した価額 　(6)　生命保険契約に関する権利……支払われることとなった日においてその契約を解除したとした場合に支払われることとなる解約返戻金の額（解約返戻金のほかに支払われることとなる前納保険料、剰余金の分配等がある場合には、これらの金額との合計額）。ただし、その契約の保険料でその後に支払うこととなっているものをその権利の支払者において負担する条件が付けられている場合には、その負担することとなっている金額につき(5)に準じて評価した金額を加算した金額

	(7) その他のもの……通常の小売価額（現金正価）の60％相当額
馬主に支払われる競馬の賞金	馬主に対し競馬の賞として支払われる金品のうち、金銭で支払われるもの (注)　内国法人である馬主に支払われる競馬の賞金を含みます（所法174十、212③）。

(注)1　源泉徴収する所得税の額は、次の算式により計算した金額です。
　　①　広告宣伝のための賞金…（賞金品の額－同一人に対し1回に支払われる金額について50万円）×10％
　　②　競馬の賞金…（賞金品の額－同一人に対し1回に支払われる金額について、その賞金の額の20％相当額と60万円との合計額）×10％
　2　同一人に対し2以上の者が共同して賞金を支払う場合には、これらの者のうち授賞等の事務を主宰している者が源泉徴収を行うこととされています。

(4)　源泉徴収に際しての注意点

イ　報酬・料金等の性質を有するもの

　報酬・料金等の性質を有するものは、たとえ謝礼、賞金、研究費、取材費、材料費、車賃、記念品代、酒こう料等の名義で支払われるものであっても、それぞれ報酬・料金、契約金として源泉徴収が必要です（所基通204-2）。

ロ　報酬・料金等の性質を有する経済的利益

　上記(3)のイ、ロ及びニからヘまでに掲げる報酬・料金等の性質を有する経済的利益については、次のとおり取り扱われます（所基通204-3）。

　　a．職業野球の選手、外交員、集金人、ホステス等のように一定の者に専属して役務を提供する者がその役務の提供先から受ける経済的利益については、給与等とされる経済的利益に準じて取り扱います。

　　b．a以外の経済的利益については、その経済的利益を他に譲渡するものとした場合にその対価として通常受けるべき価額に相当する金額により評価し、その評価した金額が少額なものについては、源泉徴収をしなくて差し支えありません。

ハ　旅費を支払者が負担する場合

　報酬・料金等の支払者が、報酬・料金等の支払の基因となる役務を提供する者のその役務を提供するために行う旅行、宿泊等の費用を負担する場合に、

その費用として支出する金銭が、交通機関、ホテル、旅館等に直接支払われ、かつ、その金額がその費用として通常必要と認められる範囲内のものに限り、源泉徴収をしなくて差し支えないこととされています（所基通204-4）。

ニ　消費税の取扱い

　報酬・料金等の金額に消費税及び地方消費税の額が含まれている場合であっても、消費税及び地方消費税の額を含めた金額が源泉徴収の対象となる報酬・料金等の金額となります。ただし、報酬・料金等の支払を受ける者からの請求書等において報酬・料金等の額と消費税及び地方消費税の額とが明確に区分されている場合には、その報酬・料金等の額のみを源泉徴収の対象とする金額として差し支えありません（平元直法6-1、平9課法8-1改正）。

5　利子所得・配当所得に対する源泉徴収

(1)　利子所得の範囲

　源泉徴収の対象となる利子所得は、次の表のとおりです（所法23、174、181、212、措法3の3、4の4、6）。

種　類	内　　容
公債の利子	国又は地方公共団体が発行する債券の利子（所基通2-10）
社債の利子（注）	①　会社が会社法等の規定により発行する債券の利子 ②　会社以外の内国法人が特別の法律の規定により発行する債券の利子 ③　外国法人が発行する債券で①又は②に準ずるものの利子
預貯金の利子	①　銀行等の金融機関に対する預金及び貯金の利子 ②　労働基準法等の規定により管理されるいわゆる勤務先預金の利子（所令2一） ③　国家公務員共済組合法等に規定する組合等に対する組合員等の貯金の利子（所令2二） ④　勤労者財産形成貯蓄契約等に基づく有価証券の購入のための証券会社（一定の金融商品取引業者）に対する預託金の利子（所令2三、措規3の8）
合同運用信託の収益の分配	信託会社が引き受けた金銭信託で、共同しない多数の委託者の信託財産を合同して運用するいわゆる指定金銭信託や貸付信託の収益の分配

公社債投資信託の収益の分配	証券投資信託のうち、その信託財産を公社債に対する投資として運用することを目的とするもので、株式又は出資に対する投資として運用しないものの収益の分配
公募公社債等運用投資信託の収益の分配	証券投資信託以外の投資信託のうち、信託財産として受け入れた金銭を公社債等に対して運用するもの（その設定に係る受益権の募集が公募によるものに限ります。）の収益の分配
国外公社債等の利子等	国外で発行された公社債、公社債投資信託又は公募公社債等運用投資信託の受益権の利子又は収益の分配で、国内における支払の取扱者を通じて交付されるもの
勤労者財産形成貯蓄保険契約等に基づき支払を受ける差益	勤労者財産形成貯蓄契約、勤労者財産形成住宅貯蓄契約又は勤労者財産形成年金貯蓄契約に基づき支払を受ける生命保険若しくは損害保険又は生命共済の差益

（注）債券の発行につき法律の規定をもたない会社以外の内国法人が発行する、いわゆる学校債、組合債等の利子は、雑所得になります（所基通2-11）。

(2) 利子所得に対する源泉徴収

イ　居住者に支払う利子所得

　①居住者に対し国内において利子等を支払う者、②居住者に支払われる国外公社債等の利子等の国内における支払の取扱者、③一般民間国外債の利子を居住者に対し国外において支払う者は、その支払又は交付の際、次の表のとおり所得税を源泉徴収しなければなりません（所法181①、措法3の3①③、4の4①、6②）。

課税方式	対象となる利子等の種類	源泉徴収税率	確定申告の要否
源泉分離課税（源泉徴収だけで納税が完結するもの（措法3l、3の3①、4の4①））	① 公社債及び預貯金の利子 ② 合同運用信託、公社債投資信託及び公募公社債等運用投資信託の収益の分配 ③ 国外公社債等の利子等 ④ 利子等とみなされる勤労者財産形成貯蓄保険契約等に基づき支払を受ける差益	15%（このほかに地方税5%の特別徴収が必要です。）	不要（確定申告をすることはできません。）

総合課税(確定申告により総合課税を受けるもの(所法22、措法3①、3の3①、6②、措令1の4③、2の2①))	公社債の利子で源泉徴収の規定が適用されないものや一般民間国外債の利子で源泉徴収が行われるものなど、源泉分離課税の対象とならないもの	源泉徴収なし(ただし、一般民間国外債の利子については15%の税率による源泉徴収の上、総合課税)	要(ただし、給与所得者で給与所得以外の所得が20万円以下の人は原則として不要です。)

ロ 内国法人に支払う利子所得

①内国法人に対し国内において利子等を支払う者、②内国法人に支払われる国外公社債等の利子等の国内における支払の取扱者、③一般民間国外債の利子を内国法人に対し国外において支払う者は、その支払又は交付の際、その利子等に対し、15%の税率により源泉徴収を行うこと(①及び②については、所得税15%のほかに地方税5%の特別徴収)になっています(所法212③、213②、措法3の3②③、6②)。

(注) 内国法人が支払を受ける利子等のうち、金融機関の受ける利子等や金融商品取引業者等の受ける公社債の利子等については、源泉徴収を要しないこととされています(措法8①②③)。

(3) 利子所得等の非課税制度

利子所得のうち、小中学校等の児童又は生徒がその学校の長の指導を受けて預入又は信託をした預貯金又は合同運用信託の利子や収益の分配(所法9①二)や特定寄附信託の利子等(措法4の5)、納税準備預金の利子(措法5)、納税貯蓄組合預金の利子(納税貯蓄組合法8)は、原則として非課税とされています。また、このほか、①障害者等の少額預金の利子所得等、②障害者等の少額公債の利子、③勤労者財産形成住宅貯蓄の利子所得等及び④勤労者財産形成年金貯蓄の利子所得等について、所定の手続をとることを要件として一定限度額までの元本の利子等が非課税とされています(所法10、措法4、4の2、4の3)。

(4) 配当所得の範囲

源泉徴収の対象となる配当所得の概要は、次のイ及びロのとおりです(所法

24、25、181、212、措法8の3、9の2、9の3の2、37の11の6)。

イ 配当等の範囲

種　　類	内　　容
剰余金の配当	法人が支払う剰余金の配当（株式又は出資に係るものに限り、資本剰余金の額の減少に伴うもの及び分割型分割によるものを除きます。）。このほか、剰余金の配当には農業協同組合等がその出資に応じて支払う配当で、企業組合がその組合員にその企業組合の事業に従事した程度に応じて支払う分配金などが含まれます（所令62①）。
利益の配当	合名会社、合資会社、合同会社、特定目的会社がその持分や口数に応じて支払う利益の配当
剰余金の分配	船主相互保険組合法上の船主相互保険組合から支払われる配当など
基金利息	相互保険会社が保険業法第55条第1項の規定により基金の拠出者に対して支払う基金利息
投資信託等の収益の分配	投資信託（公社債投資信託及び公募公社債等運用投資信託を除きます。）及び特定受益証券発行信託の収益の分配

(注) 平成22年10月1日以後に行われる法人税法第2条第12号の15に規定する適格現物分配に係るものは、源泉徴収の対象となる配当等から除かれます。

ロ　みなし配当の範囲

　法人の株主等が、次に掲げる事由により金銭その他の資産の交付を受けた場合において、その金銭の額とその他の資産の価額との合計額が、その法人の資本金等の額又は連結個別資本金等の額のうちその交付の基因となった株式又は出資に対応する部分の金額を超えるときは、その超える部分の金額に係る金銭その他の資産は、剰余金の配当、利益の配当又は剰余金の分配とみなされて課税の対象とされます（所法25①、所令61①）。

　　a．その法人の合併（法人課税信託に係る信託の併合を含み、適格合併を除きます。）

　　b．その法人の分割型分割（適格分割型分割を除きます。）

　　c．その法人の資本の払戻し（資本剰余金の額の減少を伴う株式に係る剰余金の配当のうち、分割型分割によるもの以外のものをいいます。）又はその法人の解散による残余財産の分配

　　d．その法人の自己の株式又は出資の取得（一定の事由による取得を除き

ます。)

　e．その法人の出資の消却、出資の払戻し、その法人からの社員その他の出資者の退社若しくは脱退による持分の払戻し又はその法人の株式若しくは出資をその法人が取得することなく消滅させること

　f．その法人の組織変更（その組織変更に際してその組織変更をした法人の株式又は出資以外の資産を交付したものに限ります。）

(5) 配当所得に対する源泉徴収

イ　居住者に支払う配当所得

　①居住者に対し国内において配当等を支払う者、②居住者に支払われる国外投資信託等の配当等（配当等に該当する投資信託又は特定目的信託の収益の分配のうち、国外で発行され国外で支払われるものをいいます。）の国内における支払の取扱者又は③居住者に支払われる国外株式の配当等（国外で発行された株式の利益の配当で国外で支払われるものをいいます。）の国内における支払の取扱者は、その支払又は交付の際、次の表に掲げるところにより、所得税を源泉徴収しなければなりません（所法181①、182二、措法8の2、8の3、8の4、9の2、9の3、9の3の2、37の11の6、平20改正法附則32、33）。

課税方式	対象となる利子等の種類	源泉徴収税率	確定申告の要否等
総合課税（注1）	①　上場株式等の配当等（②、③を除きます。）（注2） ②　公募証券投資信託の収益の分配 ③　特定投資法人の投資口の配当等	7%（注3）	原則として、不要（措法8の5①二～四、平20改正法附則33）。
	④　①～③以外の配当等	20%	要（ただし、1回に支払う金額が10万円（期間半年の配当は5万円）以下であるものについては、不要（措法8の5①一、9の2⑤）。ただし、確定申告をして源泉徴収税額の還付を受けることもできます。

源泉分離課税	⑤ 私募公社債等運用投資信託の収益の分配	15％（注4）	不可（源泉徴収だけで納税が完結します。）（措法8の2①）。
	⑥ 特定目的信託（社債的受益権に限ります。）の収益の分配		

(注1) 平成21年1月1日以後に支払を受けるべき上場株式等の配当等に係る配当所得については、総合課税に代えて申告分離課税の適用を選択することができます（措法8の4）。
(注2) 発行済株式の総数又は出資金額の3％（平成23年10月1日前の場合5％）以上に相当する数又は金額の株式又は出資を有する個人（大口株主等）が受ける配当等を除きます（平成23改正法附則26）。
(注3) このほかに地方税3％の特別徴収が必要です。なお、平成24年1月1日以後に支払うべきものについては15％（他に地方税5％）の税率となります（措法9の3、9の3の2、平20改正法附則33）。
(注4) このほかに地方税5％の特別徴収が必要です。

ロ　内国法人に支払う配当所得

内国法人（非課税法人を除きます。）に配当等を支払う者や、内国法人に支払われる国外投資信託等の配当等及び国外株式の配当等の国内における支払の取扱者は、その支払又は交付の際、上記イの表の①〜⑥の区分に応じた税率により所得税を源泉徴収しなければなりません（所法212③、213②、措法8の2④、8の3③、9の2②、9の3、9の3の2）。

ハ　上場株式等の配当等に係る源泉徴収義務等の特例

平成22年1月1日以後に個人又は内国法人（非課税法人を除きます。）若しくは外国法人に対して支払われる上記イの表①〜③に掲げる上場株式等の配当等について、国内における支払の取扱者を通じて交付を受ける場合にあっては、その配当等に係る所得税については、その配当等の支払者ではなく、支払の取扱者が源泉徴収をすることとされています（措法9の3の2）。

ニ　源泉徴収選択口座内配当等に係る所得計算及び源泉徴収等の特例

平成22年1月1日以後は、上場株式等の配当等を源泉徴収選択口座に受け入れることができることとされています。源泉徴収選択口座に受け入れた上場株式等の配当等（以下「源泉徴収選択口座内配当等」といいます。）に

ついては、その源泉徴収選択口座が開設されている金融商品取引業者等が源泉徴収をすることとされています。

なお、源泉徴収選択口座内配当等に係る配当所得の計算は、他の配当等に係る配当所得の金額と区分して行うこととされています（措法37の11の6①）。

ホ　その他

配当所得については、次のような課税の特例があります。

　ａ．上場証券投資信託等の償還金に係る課税の特例

　ｂ．公募株式等証券投資信託の受益権を買い取った金融商品取引業者等が支払を受ける収益の分配についての源泉徴収の不適用の特例

　ｃ．上場会社等の自己の株式の公開買付けの場合のみなし配当課税の不適用の特例

　ｄ．相続財産である非上場株式をその発行会社に譲渡した場合のみなし配当課税の不適用の特例

6　非居住者等所得に対する源泉徴収

(1)　納税義務者の区分

所得税法では、納税義務者を①居住者、②非居住者、③内国法人及び④外国法人に4区分していることは、前述（Ⅰの5）のとおりですが、もう少し詳しくみると以下のとおりです。

　イ　居住者は、国内（所得税法の施行地をいいます。）に住所を有し、又は現在まで引き続いて国内に1年以上居所を有する個人をいいます（所法2①三）。

　(注)　「居住者のうち、日本の国籍を有しておらず、かつ、過去10年以内において国内に住所又は居所を有していた期間の合計が5年以下である個人」は、非永住者（所法2①四）として非永住者以外の居住者（いわゆる永住者）とは課税所得の範囲が異なります。

　ロ　非居住者は、国内に住所も1年以上の居所も有しない個人をいいます

(所法2①五)。

ハ　内国法人は、国内に本店又は主たる事務所を有する法人をいいます（所法2①六）。

ニ　外国法人は、国内に本店も主たる事務所も有しない法人をいいます（所法2①七）。

(2)　**住所・居所**

居住者と非居住者との区分は、外国人であるか又は海外勤務者であるかなどとは関係なく、その者の居住性によって判定しますので、居住者又は非居住者の判定において、住所や居所の意義は極めて重要となります。

イ　住所の意義

「住所」について、所得税法にはその定義規定がおかれていませんが、「住所とは各人の生活の本拠をいい、生活の本拠であるかどうかは客観的事実によって判定する」との取扱いが示されています（所基通2-1）。これは、民法第22条の「各人の生活の本拠をその者の住所とする」という概念によるものと解されています。そして、生活の本拠を判断する客観的事実とは、「住居、職業、国内において生計を一にする配偶者その他の親族を有するか否か、資産の所在等に基づき判定するのが相当である」とされています（神戸地判　昭60.12.2）。

ロ　住所の推定

　a．国内に住所を有すると推定する場合

　　国内に居住することとなった個人が次のいずれかに該当する場合には、その者は、国内に住所を有する者（居住者）と推定されます（所令14①）。

　　①　その者が国内において、継続して1年以上居住することを通常必要とする職業を有すること。

　　②　その者が日本の国籍を有し、かつ、その者が国内において生計を一にする配偶者その他の親族を有することその他国内におけるその者の職業及び資産の有無等の状況に照らし、その者が国内において継続して1年以上居住するものと推測するに足りる事実があること。

b．国内に住所を有しないと推定する場合

　国外に居住することとなった個人が次のいずれかに該当する場合には、その者は、国内に住所を有しない者（非居住者）と推定されます（所令15①）。

　① その者が国外において、継続して1年以上居住することを通常必要とする職業を有すること。

　② その者が外国の国籍を有し又はその外国に永住する許可を受けており、かつ、その者が国内において生計を一にする配偶者その他の親族を有しないことその他国内におけるその者の職業及び資産の有無等の状況に照らし、その者が再び国内に帰り、主として国内に居住すると推測に足りる事実がないこと。

c．学術・技芸を習得する者の場合

　学術、技芸の習得のため国内又は国外に居住することとなった者の住所が国内又は国外のいずれにあるかは、その習得のために居住する期間その居住する地に職業を有するものとして、上記a及びbにより推定することとなります（所基通3-2）。

d．在留期間が予め1年未満の場合

　国内又は国外に居住することとなった者は、その地における在留期間が契約等によりあらかじめ1年未満であることが明らかであると認められる場合を除き、それぞれ上記a又はbに該当するものとされます（所基通3-3）。したがって、在留期間が1年未満であることが明らかな場合には、上記イ及びロの推定規定の適用はありません。

e．特殊な住所

　① 国家公務員及び地方公務員は、実際の外国の勤務場所又は期間に関係なく国内に住所を有するものとみなされます（所法3①）。

　② 船舶、航空機の乗組員の住所が国内にあるかどうかは、その者の配偶者その他生計を一にする親族の居住している地又はその者の勤務外の期間に通常滞在する地により判定します（所基通3-1）。

ハ 居所の意義

居所についても、税法上定義規定がありませんが、次のように解されます。すなわち、住所と同様に民法の定める居所と同様に解すべきであって、居所というためには、一時的に居住するだけでは足りず、生活の本拠という程度には至らないものの、個人が相当期間継続して居住する場所をいうとされています（神戸地判 平14.10.7）。

(3) 納税義務者の区分と課税所得の範囲・課税方法

非居住者が国内に事務所や事業所等の恒久的施設を有する場合には、居住者と同様の課税方式である申告納税（特定の所得は源泉徴収の上）を原則としていますが、その他の場合には、原則として源泉徴収のみで課税関係が完結する源泉分離課税がとられています。また、外国法人についても、同様の取扱いが所得税法及び法人税法に定められています。

所得税法上の納税義務者の区分別の課税所得の範囲と課税方法の概要をまとめると次のとおりです。

納税義務者の区分			課税所得の範囲	課税方法
個人	居住者	非永住者以外の居住者（所法2①三）	国内源泉所得及び国外源泉所得（全世界所得）（所法5①、7①一）	申告納税又は源泉徴収
		非永住者（所法2①四）	国内源泉所得及びこれ以外の所得で国内において支払われ、又は国外から送金されたもの（所法5①、7①二）	申告納税又は源泉徴収
	非居住者（所法2①五）		国内源泉所得（所法5②、7①三）	申告納税又は源泉徴収
法人	内国法人（所法2①六）		国内において支払われる利子等、配当等、定期積金の給付補てん金等、匿名組合契約等に基づく利益の分配及び賞金（所法5③、7①四）	源泉徴収
	外国法人（所法2①七）		国内源泉所得のうち特定のもの（所法5③、7①五）	源泉徴収

(4) 非居住者等所得に対する源泉徴収

非居住者又は外国法人に対して国内において源泉徴収の対象となる国内源泉所得の支払をする者は、その支払の際、所得税を徴収し、納付しなければなり

ません（所法212①）。

(5) 源泉徴収の対象となる国内源泉所得の範囲

非居住者と外国法人に対する課税は、国内源泉所得に限られています。国内源泉所得の範囲についてもⅠの6の(3)において述べましたが、これをやや詳述すれば次表のようになります。

種　類	内　容
イ　組合契約事業利益の配分（所法161一の二）	国内において組合契約に基づいて行う事業から生ずる利益（その事業から生ずる収入からその収入に係る費用（所法第161条第1号の3から第12号までに掲げる国内源泉所得について源泉徴収された所得税を含みます。）を控除したもの）について、その組合契約に基づいて配分を受けるもの（所令281の2）。 　この場合の「組合契約」とは、①民法第667条第1項に規定する組合契約、②投資事業有限責任組合契約に関する法律第3条第1項に規定する投資事業有限責任組合契約、③有限責任事業組合契約に関する法律第3条第1項に規定する有限責任事業組合契約及び④外国における契約で①～③に類する契約をいいます。
ロ　土地等の譲渡対価（所法161一の三）	国内にある次に掲げる土地等の譲渡対価のうち、その土地等を自己又はその親族の居住の用に供するために譲り受けた個人から支払われるもの（譲渡対価が1億円を超えるものを除きます。）以外のもの（所令281の3） ①　土地及び土地の上に存する権利 ②　建物及び建物の附属設備 ③　構築物
ハ　人的役務の提供事業の対価（所法161二）	国内において行う人的役務の提供を主たる内容とする事業で、次に掲げる者の役務提供の対価（所令282） ①　映画、演劇の俳優、音楽家、その他の芸能人、職業運動家 ②　弁護士、公認会計士、建築士、その他の自由職業者 ③　科学技術、経営管理、その他の分野に関する専門的知識又は特別な技能を有する者
ニ　不動産の賃貸料等（所法161三）	国内にある不動産、不動産の上に存する権利若しくは採石権の貸付け、租鉱権の設定又は居住者若しくは内国法人に対する船舶・航空機の貸付けによる対価
ホ　利子等（所法161四）	利子等のうち、次に掲げるもの ①　日本国の国債、地方債又は内国法人の発行する債券の利子 ②　外国法人の発行する債券の利子のうち国内において行う事業に帰せられるもの ③　国内にある営業所に預けられた預貯金の利子

		④ 国内にある営業所に信託された合同運用信託、公社債投資信託又は公募公社債等運用投資信託の収益の分配
ヘ 配当等（所法161 五）		配当等のうち、①内国法人から受ける剰余金の配当、利益の配当、剰余金の分配又は基金利息及び②国内にある営業所に信託された投資信託（公社債投資信託及び公募公社債等運用投資信託を除きます。）の収益の分配又は特定受益証券発行信託の収益の分配
ト 貸付金の利子（所法161 六）		国内において業務を行う者に対する貸付金で、その業務に係るものの利子（所令283）
チ 使用料等（所法161 七）		国内において業務を行う者から受ける次の使用料又は対価で、その業務に係るもの（所令284） ① 工業所有権等の使用料又はその譲渡による対価 ② 著作権等の使用料又はその譲渡による対価 ③ 機械、装置及び車両等の使用料
リ 給与等の人的役務提供の報酬等（所法161 八）		① 俸給、給料、賃金、歳費、賞与又はこれらの性質を有する給与その他人的役務の提供に対する報酬のうち、国内において行う勤務その他の人的役務の提供に基因するもの（所令285①） ② 公的年金等（所令285②） ③ 退職手当等のうち受給者が居住者であった期間に行った勤務その他の人的役務の提供に基因するもの（所令285③）
ヌ 事業の広告宣伝のための賞金（所法161 九）		国内において行う事業の広告宣伝のために、賞として支払われる金品その他の経済的利益（所令286）
ル 生命保険契約に基づく年金等（所法161 十）		国内にある営業所等を通じて保険業法に規定する生命保険会社、損害保険会社の締結する保険契約等に基づいて受ける年金等（公的年金等を除きます。）（所令287）
ヲ 定期積金の給付補てん金等（所法161 十一）		国内にある営業所等が受け入れたもので次に掲げるもの ① 定期積金の給付補てん金 ② 銀行法第2条第4項の契約に基づく給付補てん金 ③ 抵当証券の利息 ④ 金投資口座等の差益 ⑤ 外貨投資口座等の為替差益 ⑥ 一時払養老保険、一時払損害保険等の差益
ワ 匿名組合契約等に基づく利益の分配（所法161 十二）		国内において事業を行う者に対する出資のうち、匿名組合契約等に基づいて行う出資により受ける利益の分配（所令288）

（注）1 源泉徴収する所得税の額は、所得の種類に応じてその国内源泉所得の金額に次の税率を乗じたものとなります。ただし、リの②公的年金等、ヌ及びルについて

は、国内源泉所得の金額から一定の控除額を控除した後の金額に税率を乗じます。
① イ、ハ、ニ、ヘのうち私募公社債等投資運用信託等の収益の分配以外、トからルまで及びワ…20％
② ホ、ヘのうち私募公社債等投資運用信託等の収益の分配及びヲ…15％
③ ロ…10％
2 このほか、租税特別措置法にも国内源泉所得に対する源泉徴収の規定がおかれています。

(6) 租税条約による課税の特例

　国際的二重課税の回避等のためわが国は主要国と租税条約を締結していますが、租税条約の定めにより国内法の規定にかかわらず、国内源泉所得に対する課税の軽減や免除される場合があります。この場合には、租税条約が優先して適用されますので、課税の軽減や免除を受けようとする非居住者又は外国法人は国内法に定められた所定の手続（条約の届出書等の提出）を踏む必要があります。わが国は現在約60カ国と条約を締結していますので、非居住者又は外国法人でこれら条約締結国の者に対する支払に際しては、こうした特例に注意する必要があります。

7　特定口座内保管上場株式等の譲渡による所得等に対する源泉徴収

(1) 特定口座以内保管上場株式等の譲渡に対する特例

　居住者等（居住者又は国内に恒久的施設を有する非居住者をいいます。）が、金融商品取引業者等（第１種金融商品取引業を行う金融商品取引業者、登録金融機関又は投資信託委託会社をいいます。）に一定の要件を満たす特定口座を開設した場合において、特定口座内保管上場株式等（その特定口座に保管の委託がされている上場株式等をいいます。）の譲渡等（信用取引を含みます。）から生ずる所得の金額は、他の株式等の譲渡等による所得の金額と区分して計算することとされています（措法37の11の3、措令25の10の2）。

　イ　特定口座の意義

　　特定口座とは、居住者等が金融商品取引業者等の営業所に対して「特定口座開設届出書」を提出して、その金融商品取引業者等との間で締結した「上

場株式等保管委託契約」又は「上場株式等信用取引契約」に基づき設定された上場株式等の振替口座簿への記載か記録、保管の委託又は上場株式等の信用取引に係る口座（これらの契約及び上場株式配当等受領委任契約に基づく取引以外の取引に関する事項を扱わないものに限ります。）をいいます（措法37の11の3③一）。

ロ　上場株式等の範囲

「上場株式等」とは、金融商品取引所に上場されている株式等のほか、一定の店頭売買登録銘柄として登録された株式や店頭転換社債型新株予約権付社債、店頭管理銘柄株式などをいいます（措法37の11の3②、措令25の10の2⑤、措規18の11④）。

(2) 特定口座内保管上場株式等の譲渡による所得・源泉徴収選択口座内配当等に対する源泉徴収の特例

イ　特定口座内保管上場株式等の譲渡による所得等

ａ．制度の概要

居住者等が源泉徴収選択口座（源泉徴収の選択をした特定口座をいいます。）を通じて行われた特定口座内保管上場株式等の譲渡等により、源泉徴収選択口座内調整所得金額（下記ハのａ参照）が生じた場合には、その譲渡対価等の支払をする金融商品取引業者等は、その支払をする際、その源泉徴収選択口座内調整所得金額に対し7％（他に地方税3％）の税率による所得税を徴収しなければなりません（措法37の11の4①、平20改正法附則45）。

なお、平成26年1月1日以後は15％（他に地方税5％）の税率が適用されます（平23改正法20）。

ｂ．源泉徴収の選択をする場合の手続

その年の特定口座内保管上場株式等の譲渡等につき源泉徴収の選択をしようとする居住者等は、その特定口座ごとにその年の次のうちいずれか早い時までに「特定口座源泉徴収選択届出書」を金融商品取引業者等に提出しなければなりません（措法37の11の4①、措令25の10の11①）。

① その年最初に特定口座内保管上場株式等の譲渡をする時
② 特定口座において処理された上場株式等の信用取引等につきその年最初に差金決済を行う時
(注) 源泉徴収の選択は各年ごとに行います。また、譲渡又は差金決済ごとに源泉徴収するか否かを選択することはできません。

ロ　源泉徴収選択口座内配当等

　ａ．制度の概要

　源泉徴収選択口座を有する居住者等が支払を受ける上場株式等の配当等のうち、その居住者等がその源泉徴収選択口座を開設している金融商品取引業者等と締結をした上場株式配当等受領委任契約に基づきその源泉徴収選択口座に設けられた特定上場株式配当等勘定に受け入れられたもの（源泉徴収選択口座内配当等といいます。）については、その源泉徴収選択口座内配当等に係る配当所得の金額とその源泉徴収選択口座内配当等以外の配当等に係る配当所得の金額とを区分してこれらの金額を計算するものとされています（措法37の11の6①）。

　ｂ．源泉徴収選択口座への受入れの選択をする場合の手続

　源泉徴収選択口座への受入れを選択しようとする居住者等は、「源泉徴収選択口座内配当等受入開始届出書（受入開始届出書といいます。）」をその源泉徴収選択口座が開設されている金融商品取引業者等に提出しなければなりません（措法37の11の6②、措令25の10の13②）。

　なお、受入開始届出書を提出した居住者等に対して、提出した日以後に支払の確定する上場株式等の配当等で、受入開始届出書を提出した金融商品取引業者等から支払われるものは、そのすべてを源泉徴収選択口座に受け入れなければなりません（措法37の11の6③）。

　また、受入れをやめる場合は、「源泉徴収選択口座内配当等受入終了届出書」を金融商品取引業者等に提出する必要があります（措令25の10の13④）。

ハ　源泉徴収税額の計算

a．源泉徴収選択口座内調整所得金額

「源泉徴収選択口座内調整所得金額」とは、特定口座内保管上場株式等の譲渡等が行われた場合において、その居住者等に係る次の算式により計算した金額が生じるときにおけるその金額をいい、金融商品取引業者等はその金額について7％（他に地方税3％）の税率で源泉徴収を行うこととされています（措法37の11の4①②、措令25の10の11③〜⑤、平20改正法附則45）。

〔算式〕

$$\begin{matrix}源泉徴収選択口座内\\調整所得金額\end{matrix} = \begin{matrix}源泉徴収選択口座内\\通算所得金額\end{matrix} - \begin{matrix}源泉徴収選択口座内\\直前通算所得金額\end{matrix}$$

① 源泉徴収選択口座内通算所得金額は、その年の1月1日から対象譲渡等の時以前の譲渡に係る次の金額の合計金額（零を下回るときは零）をいいます。

　　ⅰ 特定口座内上場株式等の譲渡については、譲渡収入の金額の総額から取得費等の総額を控除した金額

　　ⅱ 上場株式等の信用取引等の差金決済については、差益金額の総額から差損金額の総額を控除した金額

② 源泉徴収選択口座内直前通算所得金額は、その年の1月1日から対象譲渡等の時の前の譲渡に係る①のⅰとⅱの金額の合計金額（零を下回るときは零）をいいます。

b．源泉徴収選択口座内配当等に係る源泉徴収に関する損益通算の特例

居住者等の各年における源泉徴収選択口座に係る特定口座内保管上場株式等の譲渡所得等の金額の計算上生じた損失の金額がある場合には、同一の特定上場株式配当等勘定へ受け入れられる源泉徴収選択口座内配当等のその年の総額からその損失の金額を控除した残額を支払事務取扱者が交付をする金額とみなして源泉徴収税率を乗じて計算した金額が、徴収して納付すべき所得税の額となります。また、この場合、金融商品取引業者等が交付の際に既に徴収した所得税の合計金額と上記により徴収して納付すべ

き所得税の金額との差額については、その金融商品取引業者が交付先である居住者等に還付しなければなりません。

c．源泉所得税の納付

源泉徴収選択口座内調整所得金額及び源泉徴収選択口座内配当等について源泉徴収をした所得税は、その徴収の日の属する年の翌年1月10日までに、納付しなければなりません（措法37の11の4①、37の11の6⑤、措令25の10の11⑥、25の10の13⑬）。

8　その他の所得に対する源泉徴収

(1)　生命保険契約等に基づく年金に対する源泉徴収

居住者に対し、国内において生命保険会社や損害保険会社等と締結した保険等の契約に基づく年金の支払をする者は、その年金を支払う際に、次により計算した額の所得税を源泉徴収し、その年金を支払った月の翌月10日までに、納付しなければなりません（所法207～209、所令326）。

$$（支払う年金の額－その年金の額に対応する保険料又は掛金の額）×10\%$$

ただし、年金の年額からそれに対応する保険料又は掛金の額を控除した残額が25万円未満の場合には、源泉徴収をする必要はありません（所法209一、所令326⑤）。また、平成25年1月1日以後支払うべき年金のうち、その年金の受取人と保険契約者とが異なる契約等で一定の年金についても源泉徴収を要しません（所法209二、所令326⑥、平成23改正法附則7）。

(2)　懸賞金付預貯金等の懸賞金等に対する源泉徴収

居住者又は内国法人に対し、国内において懸賞金付預貯金等の懸賞金等の支払等をする者は、その支払等の際、15%（他に地方税5%の特別徴収）の税率によって計算した所得税を源泉徴収し、その懸賞金等を支払った月の翌月10日までに、納付しなければなりません（措法41の9）。

なお、居住者が支払を受けるものについては、この源泉徴収だけで納税が完結する源泉分離課税制度が適用されます（措法41の9①、措令26の9）。

懸賞金付預貯金等の懸賞金等とは、国内において預貯金等（預貯金、合同運

用信託、公社債、公社債投資信託の受益権又は定期積金等）に係る契約に基づき預入等（預入、信託、購入又は払込み）がされた預貯金等を対象としてくじ引その他の方法により、支払等を受ける金品その他の経済上の利益（懸賞金等）をいいます。

(3) 定期積金の給付補てん金等に対する源泉徴収

居住者又は内国法人に対し、国内において次のいわゆる金融類似商品の収益の支払をする者は、その支払の際、15％（他に地方税5％の特別徴収）の税率により計算した所得税を源泉徴収し、その収益を支払った月の翌月10日までに、納付しなければなりません（所法174 三～八、175 一、209の2、209の3、212③、213②、所令298②～⑦）。

　イ　定期積金の給付補てん金
　ロ　銀行法第2条第4項の契約に基づく給付補てん金
　ハ　抵当証券の利息、
　ニ　貴金属（これに類する物品を含みます。）の売戻し条件付売買の利益
　ホ　外国通貨で表示された預貯金でその元本と利子をあらかじめ約定した率により本邦通貨又は他の外国通貨に換算して支払うこととされているものの差益（いわゆる外貨投資口座の為替差益など）
　ヘ　一時払養老保険、一時払損害保険等の差益（保険期間等が5年以下のもの及び保険期間等が5年を超えるもので保険期間等の初日から5年以内に解約されたものに基づく差益）

なお、居住者が支払を受ける上記のものについては、この源泉徴収だけで納税が完結する源泉分離課税制度が適用されます（措法41の10①）。

(4) 匿名組合契約等の利益の分配に対する源泉徴収

居住者又は内国法人に対し、国内において匿名組合契約又は当事者の一方が相手方の事業のために出資をし、相手方がその事業から生ずる利益を分配することを約する契約に基づく利益の分配の支払をする者は、その支払の際その利益の分配につき20％の税率によって計算した額の所得税を源泉徴収し、その支払をした月の翌月10日までに、納付しなければなりません（所法174 九、

210、211、212③、213②、所令288、298⑧、327)。

(5) 割引債の償還差益に対する源泉徴収

　割引債を発行する者は、割引債の発行の際にその割引債を取得する個人又は法人から次により計算した額の所得税を源泉徴収し、発行した月の翌月10日までに、納付しなければなりません（措法41の12③、措令26の9の2、26の10①、措規19の4①）。

$$（券面金額 - 発行価額）\times 18\% \begin{pmatrix} 特定の法人が発行する割引債 \\ の償還差益については16\% \end{pmatrix}$$

　この場合、割引債の取得者が個人であるときは、居住者であるか非居住者であるかを問わず、他の所得と分離して課税することとされ、この源泉徴収された所得税を負担することにより割引債の償還差益に対する課税関係は完結することとされています。また、割引債の取得者が法人であるときは、内国法人であるか外国法人であるかを問わず、課税法人であるか、非課税法人であるかの別なく、さらに人格のない社団等であっても、すべて源泉徴収の規定が適用されます。

　この対象となる割引債は、割引の方法により発行される公社債で次に該当するものです。

　イ　国債及び地方債
　ロ　内国法人発行の社債（会社以外の内国法人が特別の法律により発行する債券を含みます。）
　ハ　外国法人発行の債券（国外において発行する割引債にあっては、その債券の社債発行差金のうち国内において行う事業に帰せられるものがある場合に限ります。）

　なお、①外貨公債の発行に関する法律第1条第1項に規定する外貨債、②特別の法令により設立された法人がこれらの法令の規定により発行する債券のうち、独立行政法人住宅金融支援機構、沖縄振興開発金融公庫及び独立行政法人都市再生機構の発行する債券並びに③特定振替記載等のされている短期公社債については、その発行時に源泉徴収は行われません。

第Ⅱ編
源泉徴収制度 Q&A

1 給与等

非課税とされる旅費の範囲

Q 当社では、全国各地の支店に単身で赴任している社員に対して、1年間に3回自宅に帰宅するための旅費を支給しています。旅費の金額は旅費規程に基づいたもので、単なる手当としてではなく旅行実績のあるものについて支給していますので、非課税として取り扱って差し支えないでしょうか。

論点

非課税とされる旅費は、その旅行の目的、目的地、行路若しくは期間の長短、宿泊の要否、旅行者の職務内容及び地位等からみて、その旅行に通常必要と認められる範囲内のものとされています。特例的に、単身赴任者が職務遂行上必要な旅行に付随して行う帰宅のための旅行の費用として支給される旅費については非課税として取り扱われます。旅行の回数に制限はありません。

A

1 非課税旅費の範囲等

次に掲げる旅行をした場合に支給を受ける旅費が非課税とされるのは、その旅行に必要な支出に充てるために支給される金品で、その旅行について通常必要であると認められるものとされています（所法9①四）。

(1) 給与所得者が、①勤務する場所を離れてその職務を遂行するための旅行又は②転任に伴う転居のための旅行
(2) 就職又は退職をした者がその就職又は退職に伴う転居のための旅行
(3) 死亡による退職をした者の遺族がその退職に伴う転居のための旅行

このように非課税とされる旅費の対象となる旅行は、一般に出張といわれている使用者の業務遂行のために行う日常的な旅行と、転任や就職又は退職に伴

う転居のために行う非日常的な旅行とに区分されます。

　この非課税とされる旅費は、上記の旅行をした者に対して使用者等からその旅行に必要な運賃、宿泊料、移転料等の支出に充てるものとして支給される金品のうち、その旅行の目的、目的地、行路若しくは期間の長短、宿泊の要否、旅行者の職務内容及び地位等からみて、その旅行に通常必要と認められる範囲内のものとされています。そして、この通常必要と認められる範囲内の金品に該当するかどうかの判定に当たっては、①その支給額が、その支給をする使用者等の役員及び使用人のすべてを通じて適正なバランスが保たれている基準によって計算されたものであるかどうか、②その支給額が、その支給をする使用者等と同業種、同規模の他の使用者等が一般的に支給している金額に照らして相当と認められるものであるかどうかを勘案するものとされています（所基通9-3）。いわば、前者は社内におけるバランス、後者は同業者等との社外におけるバランスが保たれているかどうかを考慮して判定することとされています。

　なお、旅費として支給される金品の額が、旅行に通常必要と認められる範囲を超えて支給された場合のその超える部分の金額は、上記旅行の区分に応じて、(1)は給与所得、(2)の就職については雑所得、(2)の退職については退職所得、(3)については退職所得（ただし、非課税とされます（所法9①十六）。）として課税されます（所基通9-4）。

　ところで、職務を遂行するために行う旅行の費用に充てるためのものとして支給される金品であっても、年額又は月額により支給されるものは、給与として課税されることになります。ただし、その支給を受けた役員又は使用人の職務を遂行するために行う旅行の実情に照らして明らかに上記の非課税に該当する旅費と認められるものは課税されません（所基通28-3）。この取扱いは、通常、旅費はその旅行を行う都度支給するものですから、回数や内容に関係なく定額で支給されるものは旅行の実態を伴わない手当の一種とみざるを得ないからです。しかし、明らかに旅行に通常必要とされる費用に充てられると認められるものについては、非課税の旅費として取り扱うというものです。

2　単身赴任者の帰宅旅費

　転居を伴う異動をした者が帰宅のために旅行した場合に支給される旅費は、職務を遂行するための旅行とは認められませんので、所得税法上非課税とはならず給与所得として課税されることになります。したがって、転居を伴う異動をした者が職務を遂行するために旅行をする場合に、これに付随してその者の留守宅へ帰宅のための旅行を合わせて行うときに支給される旅費は、支給される旅費の額を職務遂行の旅行期間と帰宅のための旅行期間とに按分して非課税の旅費の額を算出すべきことになります。

　しかしながら、単身赴任者については、次の特例的な取扱いがあります（昭60直法6-7）。

　単身赴任者が職務遂行上必要な旅行に付随して帰宅のための旅行を行った場合に支給される旅費については、これらの旅行の目的、行路等からみて、これらの旅行が主として職務遂行上必要な旅行と認められ、かつ、その旅費の額が上記1の非課税とされる旅費の範囲を著しく逸脱しない限り、非課税として取り扱って差し支えないというものです。この単身赴任者とは配偶者又は扶養親族を有する給与所得者で転居を伴う異動をした者のうち単身で赴任した者をいいますので、独身者や配偶者など家族とともに転居した者は該当しません。

　この取扱いは、本来であれば職務期間と帰宅期間とに按分すべきであるところ、帰宅のための旅行が、主たる旅行である職務遂行上必要な旅行に付随して行われる場合に支給される旅費については、原則として、帰宅旅費を含めその全額を課税しないこととするものです。この取扱いは単身赴任者の特殊事情や昭和60年当時の減税要求等を考慮したものといわれています。旅行の回数は年間何回までといった制約はありません。具体的には、5泊6日の旅行のケースで、初日が旅行日、2日目帰宅日、3・4日目が出社日（職務従事）、5日目帰宅日、6日目が旅行日という日程であれば、帰宅日に対応する日当や宿泊料については非課税として取り扱われます。この場合でも、運賃は勤務地から職務遂行地までの旅行に通常必要なものに限られると解されますので、職務遂行地から留守宅までの運賃あるいは勤務地と職務遂行地との間で留守宅を経由す

ることにより両地間を直行する場合に比べ増加する運賃部分は原則として非課税にはならないと考えられます。

　このほか、単身赴任の状況にある者についての取扱いで次のようなものがあります。①例えば、1年を超えるような建設工事の現場に長期出張する者に対して支給する旅費については、その出張者にとって本来の勤務場所がその建設現場と考えられますから、一種の勤務地手当として課税する必要があります。②また、当初家族との同居がやむを得ない事情で不可能な転勤者に対し、着任の日から家族と同居ができるまでの間の日数等に応じて所定の金額を滞在費等の名目で支給した場合も、一種の別居手当と認められますので給与所得として課税する必要があります（昭29直所2-73）。

3　質問のケースの場合

　年間3回支給する旅費が職務遂行上の旅行に付随して行われる帰宅旅行であれば、非課税とされる旅費の要件を著しく逸脱しない限り、原則として支給される旅費の全額が非課税とされます。ただし、この場合でも職務遂行地から留守宅までの運賃は課税となります。

　なお、単身赴任先と留守宅との間の帰宅のためだけの旅行に要する旅費を支給するものであれば全額給与所得として課税されます。

Point

　旅行の回数について制限はありませんが、帰宅旅行の日数は1回の職務遂行上必要な旅行について、職務遂行日の前後合わせて2日間までが限度と考えられます。

2 給与等

マイカーの通勤距離の変更と通勤手当の非課税限度額

Q マイカーで通勤をしている当社の社員が、来月中旬引越しをすることになり通勤距離が現在より10キロメートル程度延長になるそうです。この社員のように月の中途で通勤距離が変更となる場合の通勤手当の非課税限度額はどのように計算すればよいのでしょうか。

論点

特に法令上の規定がありませんので、通勤距離の長い方に応じた通勤手当の非課税限度額により計算して差し支えないと考えられます。

A　1　通勤手当等の非課税限度額

通勤する給与所得者がその通勤に必要な交通機関の利用又は交通用具の使用のために支出する費用に充てるものとして通常の給与に加算して受ける通勤手当等のうち、一般の通勤者について通常必要であると認められる部分は非課税とされています（所法9①五）。具体的には、その通勤方法の区分により次のとおり非課税限度額が設けられています。

(1) 鉄道やバスなどの交通機関又は有料道路の利用者が支給を受ける通勤手当及び交通機関の利用者が支給を受ける通勤用定期乗車券については、1か月当たりの合理的な運賃等の額（所令20の2一、三）

(2) 自転車や自動車（いわゆるマイカー）などの交通用具使用者が支給を受ける通勤手当については、次表に掲げるその通勤距離に応じて定められている1か月当たりの金額（所令20の2二）。

なお、平成23年12月31日以前に受けるべき通勤手当で表の③から⑥までの通勤距離に係る非課税限度額は、運賃相当額が③から⑥までの非課税限度額欄の金額を超える場合には、その運賃相当額（最高限度100,000円）まで非課

税とされます。この場合の「運賃相当額」とは、交通用具を使用している者が交通機関を利用したとしたならば負担することとなるべき運賃等で、その者の通勤に係る運賃、時間、距離等の事情に照らし最も経済的かつ合理的と認められる通常の通勤の経路及び方法によるものの額に相当する金額をいいます（旧所令20の2二ハ）。

区　　　分	非　課　税　限　度　額
①片道の通勤距離が2km以上10km未満	4,100 円
②片道の通勤距離が10km以上15km未満	6,500 円
③片道の通勤距離が15km以上25km未満	11,300 円
④片道の通勤距離が25km以上35km未満	16,100 円
⑤片道の通勤距離が35km以上45km未満	20,900 円
⑥片道の通勤距離が45km以上	24,500 円

(3) 交通機関又は有料道路を利用するほか交通用具も使用する者が支給を受ける通期手当や通勤用定期乗車券については、1か月当たりの合理的な運賃等の額と(2)の表に定める金額の合計額

なお、(1)及び(3)の「合理的な運賃等の額」とは、交通機関等の利用者の通勤に係る運賃、時間、距離等の事情に照らし最も経済的かつ合理的と認められる通常の通勤の経路及び方法による運賃等の額（1か月当たりの金額が10万円を超えるときは、1か月当たり10万円）をいいます（所令20の2一）。

2　通勤距離が変更になった場合

交通用具、すなわちマイカーやバイク通勤によるその通勤距離に応じた1か月当たりの非課税限度額は表に定められているとおりですが、月の中途で通勤距離に変更が生じた場合の1か月当たりの非課税限度額については、法令上規定がなく、通達等の取扱上も明らかにされてはいません。

このため、基本的には、通勤者に不利とならない（納税者に有利となる）ような非課税限度額としても差し支えないものと解されます。例えば、マイカーによる通勤距離が20キロメートルから30キロメートルに変更になったような

者の場合、その変更が月の半ばであれば、通勤距離が30キロメートルの場合の非課税限度額によっても差し支えないと考えられます。ただし、変更前後の通勤距離の差や変更時期によっては、短い方の通勤距離の非課税限度額を採用したときと比べて大きくバランスを欠くことがありますので、極力、その開きが大きくならないように社内規程等において一定の基準を設けておくことが望ましいと思われます。

具体的には、①月の前半に変更があった場合には、変更前と変更後の通勤距離に基づき算定した金額のうちいずれか多い金額を支給し、②月の後半に変更した場合には、変更前と変更後の平均額を支給するといったような方法が考えられます。

3 マイカー通勤の場合の留意点

(1) 非課税とされるのは通勤距離が2キロメートル以上の場合ですから、2キロメートル未満の場合に支給される通勤手当は全額課税されることになります。しかし、身体に障害があることにより交通機関を利用できないため、ほかに通勤方法がなくやむを得ずマイカー通勤しているような者が支給を受ける通勤手当については、交通機関利用者と同様に、交通機関を利用した場合の合理的な運賃等の額を非課税限度額として差し支えないと考えられます。ただし、この場合の非課税限度額は自動車通勤による実費の範囲内に限られることになります。

(2) 表にもあるように通勤距離が15キロメートル以上の場合の非課税限度額は、距離が10キロメートル延びるごと（45キロメートル以上は区分なし）に1か月当たりそれぞれ11,300円、16,100円、20,900円、24,500円と定められていますが、このような長距離通勤者については交通機関を利用する者とのバランスから、11,300円などの非課税限度額を超えてもそのマイカー通勤者が仮に通勤のための公共の交通機関を利用した場合に負担することとなる運賃等の額（月額10万円限度）までの通勤手当は非課税とされていました。したがって、運賃相当額がこれら距離に応じて定められ

ている定額の非課税額を超えるときは、その運賃等の額に相当する金額が非課税限度額（10万円を限度）とされ、前記1の(2)の表の③の11,300円から⑥の24,500円までの非課税額と運賃相当額とのいずれか多い額が課税されない金額とされていましたが、平成23年6月の改正でこの非課税限度額が適用されるのは平成23年12月31日までに受けるべき通勤手当とされ、平成24年1月1日以後受けるべき通勤手当の非課税限度額は、表の非課税限度額の各欄の金額となります。次の(3)についても同様となります。

(3) 通勤にマイカーと交通機関とを併用する者が支給を受ける通勤手当等の非課税限度額は、マイカー通勤の非課税限度額と交通機関利用の非課税限度額との合計額（月額10万円が限度）となりますが（所令20の2四）、マイカー通勤による通勤手当の額がマイカー通勤の非課税限度額を超えるときは、その合計額が月額10万円以下であっても、その超える部分は課税となります。例えば、利用する交通機関の通勤定手当として月額35,000円と通勤距離11キロメートルのマイカー通勤の通勤手当として月額10,000円との合計45,000円が支給される場合の非課税限度額は41,500円（35,000円＋6,500円）ですから、たとえ支給額45,000円は100,000円以下であっても、41,500円を超える3,500円については課税しなければなりません。

4　その他の留意点

(1) アルバイトやパートタイマーのように断続的な勤務に従事する者が支給を受ける通勤手当であっても、その非課税限度額は日割額によるべき旨は規定されていませんので、その月中に支給を受ける通勤手当の合計額のうち、所得税法施行令第20条の2各号に非課税限度額として規定されている額に達するまでの金額、すなわち月額による金額で判定することになります。

(2) 勤務先が交通不便な場所にあるため通勤用送迎バスを運行している会社

は少なくありませんが、この送迎バスを利用することにより従業員が受ける経済的利益については、課税しなくて差し支えないこととされています。

> **Point**
>
> 非課税とされる通勤手当は通常の給与に加算して受けるものに限られています。したがって、通常の給与に加算せず通勤手当分は給与総額の中に含まれているとして、年末調整や確定申告において通勤手当相当額を控除して非課税とすることは認められません。

3 給与等

制服として支給する背広の経済的利益

> **Q** 当社では、この度、役員を含む男性社員全員に背広を支給したいと考えていますが、背広は制服とは認められないので給与として課税されるとの指摘がありました。しかし、サイズ以外は材質もデザインなども全く同じ規格の背広を支給しますので制服として認められると思いますがいかがでしょうか。それとも役員へ支給しなければ非課税扱いになるのでしょうか。

論点

制服は職務の性質上制服を着用すべき者がその使用者から支給されるものをいいますから、一般の事業会社の場合には、制服に準じて取り扱われる事務服等を支給又は貸与されたときに非課税とされるかどうかが論点となります。そして、その事務服等が専ら勤務場所のみにおいて使用するものかどうかが重要な判定要素となります。

A

1 使用人等に支給する制服等の取扱い

給与所得を有する者がその使用者から受ける物又は経済的利益でその職務の性質上欠くことのできないものは非課税とされています（所法9六）。この経済的利益にはその職務の性質上制服を着用すべき者がその使用者から支給される制服その他の身回品及びこれらのものの貸与を受けることによる利益が定められています（所令21二、三）。そして、この身回品には、帽子、ワイシャツ、ネクタイ、手袋、靴、靴下、徽章等で、制服と一体として着用すべきものが該当すると考えられます。

また、専ら勤務場所のみにおいて着用する事務服、作業服等については、制服に準じて非課税として取り扱うこととされています（所基通9-8）。

2　制服等の非課税の理由

　使用者が支給する制服、事務服等及びこれらの貸与による利益を非課税とする理由は、制服等の支給又は貸与は、給与所得者の職務の遂行上必要であるとともに、使用者の業務上の要請から行われるものです。しかも、支給又は貸与により受ける利益はその勤務場所に限られている（結果として、必然的に勤務時間内に限られている。）ことを考慮しますと、給与所得者にとって、制服等の支給又は貸与による経済的利益は一種の反射的利益に過ぎませんし、特別に利益を受けたという認識もほとんどないというのが実情と考えられます。また、役務提供に対する対価という性格も極めて希薄と認められますから、このような経済的利益に課税して給与の収入金額に算入することは実情にそぐわないため、非課税として取り扱われているものと考えられます。

3　制服等の範囲と非課税要件

　制服とは、ある集団や組織に属する人が着用することを目的として定められた服装であると一般に理解されていますが、非課税とされる制服は、例えば、警察職員、税関職員、自衛官、入国審査官、海上保安官、消防職員、鉄道員、警備員、パイロットなどのように法令上又は組織上当然に制服の着用を義務付けられている一定の範囲の者に対し使用者が支給するもので、制服の仕様等も詳細に規定されているもの（警察官服制規則4、税関法105②、自衛隊法58②、入管難民法61の5、海保庁職員服制3など）に限定されていると考えられます。

　なお、この制服は、それを着用する者がそれにより一見して特定の職員又は特定の使用者の使用人であることが判別できるものであることを要するものとされています（昭40直審(源)34）。

　一方、所得税基本通達の取扱いでは非課税となる制服の範囲を広げて、必ずしも職務上の着用義務がそれほど厳格とはいえない事務服、作業服等についても非課税とされています。この取扱いは、「使用者が使用人の着用する事務服等の被服を貸与する場合においては、その使用人が制服着用義務がある者である場合を除き、貸与のときにおける給与所得として課税するものとする。ただ

し、その被服が勤務先のみにおいて着用するものについては、この限りではない。」旨を定めた昭和26年の取扱い（昭26直所2-62）にまでさかのぼります。これは、事務服等であっても勤務場所においてのみ着用するものであれば、制服の支給による経済的利益と実質的に差異がないと考えられるためです。したがって、制服ではない事務服や作業服等の支給が非課税とされるためには、それが、専ら勤務する場所において通常の職務を行う上で着用するもので、勤務先以外では着用しない又は着用できないものであること、言い換えれば特定の使用者の使用人であること等が判別できるようなものであることが必要であると解されます。すなわち、使用者から支給され、職務の遂行に当たり現に事務服や作業服として着用しているものであっても、勤務する場所以外で私服としても着用できるものは、上記の要件に該当せず課税されることになります。

4　質問のケースの場合

　勤務場所以外においても私用として着用できる背広は、非課税とされる制服等には当たらないと認められます。したがって、私服として着用できないような特定の使用者に属していることが判別できる事務服等とすることが必要です。

　男性社員全員に支給する背広でその規格も一律なので、制服に該当するのではないかというお考えのようですが、その背広は、①勤務場所以外でも着用できるものかどうか、②特定の職員又は特定の使用者の使用人であることが判別できるものであるかどうかという観点からは、非課税とされる制服又は事務服等のいずれにも該当しないと判断されます。というのも男性社員お揃いの背広というだけで、その背広自体は私用にも着用できる一般の外出着と何ら変わることはないと認められるからです。以上のように、役員も給与所得者ですから、役員へ制服を支給することが課税の理由とされるわけではなく、あくまでも制服や事務服等としての要件を満たしているかどうかにより課税か非課税かを判定する必要があります。

　したがって、社名又はマーク等の入った事務服、作業服等を支給すれば、専ら勤務場所においてのみ着用されることになりますから、その支給による経済

的利益は非課税として取り扱われることになります。

> **Point**
> 　制服等としてのほか私服としても着用できる服の支給又は貸与を受けることによる経済的利益については課税となり源泉徴収が必要となります。また、制服等の支給に代え金銭を支給する場合も同様です。

4 給与等

宿日直手当の課税関係

> **Q** 当社では、従来、宿直料は曜日に関係なく一律宿直1回につき3,800円としておりました。しかし、土曜日の宿直については、通常の勤務時間の終了する午後12時半からですので、平日に比べて時間が長いにもかかわらず同額というのは不公平との指摘を受けて、今後は2,000円割増しして5,800円を支給することにしたいと思っています。この土曜日の宿直料については、4,000円の非課税限度額を超えることとなりますので課税しなければならないのでしょうか。

論点

宿直時間が長いため宿直料が多く支給される場合には、通常の宿直又は日直の時間を経過するごとに宿直又は日直を1回行ったものとして、それぞれ非課税限度額を計算します。

A

1 宿日直料の一般的取扱い

宿直又は日直の勤務を行うことにより支給される宿直料又は日直料は、原則として給与に該当することとされていますが、次に掲げる宿直料又は日直料を除いて、その支給の基因となった勤務1回につき支給される金額のうち4,000円までの部分については、課税しないこととされています（所基通28-1）。

(1) 休日又は夜間の留守番だけを行うために雇用された者及びその場所に居住し、休日又は夜間の留守番をも含めた勤務行うものとして雇用された者にその留守番に相当する勤務について支給される宿直料又は日直料

(2) 宿直又は日直の勤務をその者の通常の勤務時間内の勤務として行った者及びこれらの勤務をしたことにより代日休暇が与えられる者に支給される宿直料又は日直料

(3) 宿直又は日直の勤務をする者の通常の給与の額に比例した金額又はその給与の額に比例した金額に近似するようにその給与の額の階級区分等に応じて定められた金額（その宿直料又は日直料が給与比例額とそれ以外の額との合計額により支給されるものである場合には、給与比例額の部分に限ります。）

　これら(1)から(3)までの宿直料又は日直料が課税の対象とされるのは、(1)は宿直又は日直の勤務自体がその支給を受ける者の本来の職務であること、(2)は代日休暇という見返りが与えられることにより宿直又は日直は本来の勤務とみられること、(3)は支給額がその者の通常の給与所得の額にスライドして定められているなど実費弁償とは認められないことがその理由として挙げられます。このように、本来の職務の対価あるいはそれと同様の性格を有すると認められるような手当の支給は、通常の勤務時間の延長に対して支給される超過勤務手当と同様のものと認められますので課税の対象とされることになります。

　なお、宿直又は日直の勤務に対して食事が支給される場合の非課税とされる金額の計算は、支給される金額（宿日直勤務により支給される食事の価額を除きます。）のうち、非課税限度額の4,000円から食事の価額を控除した金額までの部分が課税されないこととされています。例えば、価額1,000円の食事と宿直料3,500円が支給された場合には、500円が課税対象となります。

　　3,500円 − (4,000円 − 1,000円) = 500円

2 宿日直を継続して行った場合の取扱い

　同一人が宿直と日直とを引き続いて行った場合には、通常の宿直又は日直に相当する勤務時間を経過するごとに宿直又は日直を1回行ったものとして上記1の取扱いを適用することになります（所基通28-2）。これには、土曜日など通常の勤務時間が短い日の宿直で、宿直としての勤務時間が長いため、通常の日の宿直料よりも多額の宿直料が支給される場合も含まれます。

　これも具体例を示しますと、土曜日午後からの宿直料が5,500円、平日の宿直料が3,500円の場合には、平日は4,000円以下ですから当然非課税ですが、

土曜日も平日より多額の宿直料となっていますから、日直と宿直を各々の勤務時間の経過するごとに日直等の勤務を1回行ったこととされて非課税限度額は8,000円となります。したがって、土曜日の宿直料も非課税となります。

3 宿日直料を非課税とする理由

　宿直又は日直の勤務をすることにより、食事代や寝間着、洗面具等の余分な出費を強いられることから、それを支弁するため支給される宿日直料は、実費弁償であり実質的に経済的利益は生じないので課税しないとする考え方が、基本的には現在まで踏襲されているようです。昭和20年代の一時期、昭和22年に施行された労働基準法の影響を受け宿直料又は日直料は超過勤務に対する給与として課税とされた時期もありましたが、その後は「支給額が少額で通常の食費等の額に相当すると認められる程度のものは課税しない」こととされ、さらに宿直又は日直の勤務1回につき支給する金額が500円以下については課税しないこととされて金額基準が設けられました（昭30直所2-28）。当時は500円を超える支給の場合、支給額の全額が課税の対象とされるいわゆる免税点方式でしたが、宿日直料が実費弁償的性格を有するとの観点からすれば免税点を超えると全額課税というのは適当ではないということで、非課税限度額500円を600円に引き上げる際に現在のいわゆる基礎控除方式に改められています（昭42直審(源)31）。非課税限度額は、その後10数回の引上げを経て現在の4,000円となっています。

4 質問のケースの場合

　質問では食事の支給の有無がわかりませんので、前提として食事の支給はないということにします。土曜日の午後12時半からの宿直は、平日の宿直に比べて長時間となりますが、このような場合には、上記2のとおり、通常の勤務が短い日の宿直で宿直としての勤務が長時間となるため、通常の日の宿直料よりも多額の宿直料が支給される場合には、通常の宿直又は日直に相当する勤務時間を経過するごとに宿直又は日直を1回行ったものとして、非課税限度額の

計算を行うこととされています。したがって、質問の場合には、日直料2,000円と宿直料3,800円を支給したものとして取り扱われることになりますので、次のとおり非課税限度額以下の支給額となり課税されることはありません。

(2,000円－4,000円)＋(3,800円－4,000円)＝△2,200円

なお、仮にこのケースで、同一人に日直料2,500円と宿直料4,500円を区分してその合計7,000円を支給するときの課税関係は、日直及び宿直を継続して行う場合や通常より長時間の宿直の場合であっても、日直又は宿直の勤務1回ごとの支給額が非課税限度額を超えるかどうかで判定します。

したがって、(2,500円＋4,500円)－(4,000円×2)＝△1,000円と計算をするのではなく、日直相当部分は2,500円－4,000円＝△1,500円で課税されませんが、宿直部分は4,500円－4,000円＝500円となり、500円については課税する必要があります。

また、質問にもある平日及び土曜日にかかわらず、換言すれば宿直時間の長短にかかわらず1回の宿直勤務当たり一律に4,500円を支給するような場合には、曜日に関係なくいずれの場合も500円が課税されることになります。

> **Point**
>
> 支給される宿日直料は非課税限度額以下であっても、代日休暇が与えられているような場合や宿日直料が給与の額にスライドするように定められている場合には、そもそも非課税の適用はありません。

5 給与等

学資金や資格取得費の取扱い

Q 所得税法では、学資に充てるため給付される金品は非課税とされていますが、そのうち給与などの対価の性質があるものは課税することとされています。しかし、通達では使用者が使用人に対して支給する学資用の金品は非課税とされています。また、使用者が使用人のために負担する免許や資格の取得のための費用で一定の要件を満たすものは非課税として取り扱われていますが、これら使用者が支給する学資金や資格取得費等の取扱いについて、取扱いの異同を説明して下さい。

論点

1 学資金の給付が非課税とされるかどうかは対価性の有無の判定によります。
2 技術等の習得、資格取得等の費用及び学資に充てられる金品の非課税要件は、その使途、金額が適正なものに限られます。また、役員又は使用人の職務に直接必要かどうかには、現に必要な場合だけでなく将来必要とされる場合も含むと解されます。
3 使用者負担の高等学校までの修学費用の非課税の取扱いは、その対象は使用人自身に限られ役員やその子弟は含まれませんし、大学や高等専門学校のほか、専修学校や各種学校の修学費用も対象外となります。

A
1 学資金等についての取扱い

学資に充てるため給付される金品（給与その他対価の性質を有するものを除きます。）は非課税とされています（所法9①十五）。このかっこ書の給与その他対価の性質を有するものを除くことについて、通達で

は、「使用者から役員又は使用人に対してこれらの者の修学のため、又はこれらの者の子弟の修学のための学資金等として支給される金品（その子弟に対して直接支給されるものを含む。）は、原則として、法第9条第1項第15号かっこ内に規定する給与に該当するのであるから、当該役員又は使用人に対する給与等として課税することに留意する」（所基通9-14）とその取扱いを明らかにしています。つまり、委任関係又は雇用関係を有する役員又は使用人やその父兄が役員又は使用人である者に対する給付は、役員又は使用人である地位に基づくものであるため給与等対価の性質を有するものとして課税になることが明らかにされています。通達が、「原則として」と限定しているのは、このような学資金であっても、使用者が、一般人を対象とする育英制度等を実施し広く公募した結果、選考された奨学生のうちにその使用者の使用人等又はその子弟がたまたま含まれているというような場合には、役員又は使用人である地位に基づいて受けるものとはいえませんから、このような場合には課税する必要はないという余地を残すためと考えられます。

　ところで、学資金や学資に充てるため給付される金品の意義については、「学資金とは、学術又は技芸を習得するための資金として父兄その他の者から受けるもので、その目的のために充てられるものをいう」（昭26直所1-1の41）、「学資に充てるため法人又は個人から給付される金品で給与その他その法人又は個人に対してした又はすべき役務の提供その他の給付の対価の性質を有するもの以外のものをいう」（昭40直審（源）34の38）あるいは「給与その他の対価の性質を有しない学資に充てるために給付される金品とは、勤務の対価ではなくして、会社が購入した新規機械設備を操作する技術を習得させるための授業料のごとく客観的にみて使用者の事業の遂行に直接必要があるものであり、かつ、その事業遂行の過程において費消されるべき給付を指すものと解するのが相当である」（東京地判　昭44.12.25）などとされていますが、これらは現在でも特に別異に解する理由はないと考えられます。

2 技術習得、免許・資格取得の費用の取扱い

　使用者が役員又は使用人対して技術や知識を習得させ、又は免許や資格を取得するための研修会や講習会等の出席費用、大学等の聴講費用に充てるために支給する金品については次のことを要件として非課税として取り扱われています（所基通9-15）。

① 技術の習得等が使用者の業務遂行上の必要に基づいたものであること
② 同じく役員又は使用人としての職務に直接必要なものであること
③ その費用の額が適正であること

　使用者が使用人等に支給する学資金は、前述のとおり原則としてその使用人等の給与所得として課税されことになりますが、使用者が使用人等にその職務遂行に必要な技術、知識等を習得させることは職業教育としての社内教育の一環であり、その研修会等の費用は使用者における業務遂行上必要な技術等を習得させるためのものです。使用人等には研修会等の出席に当たりその希望や選択が叶えられることは極めて低いのが一般的ですし、その結果、使用人等が技術や資格等を取得したとしても、それは使用人等の職務遂行に伴って受けるいわば反射的な利益の一種と考えられますから、これら技術等の習得、免許等の取得のための研修会の出席費用等については、課税しないこととされているものと考えられます。

　なお、「役員又は使用人としての職務に直接必要」な技術や知識とは、現にその使用人が従事している職務に直接必要な技術や知識だけに限られるものでなく、会社の業務遂行上、その使用人等にとって、将来の職務に直接必要となる技術や知識を習得するための費用も、非課税として取り扱って差し支えないものと考えられます。この場合、将来の職務に直接必要となるかどうかについては、何年先か分からないが将来いつかといった漠然としたものではなく、ある程度具体化した人材登用や人事配置の計画等が前提として必要であると思われます。

3 使用人の高等学校等における修学費用の取扱い

　使用者が使用人に対しその者の学校教育法第1条（（学校の範囲））に規定する学校（大学及び高等専門学校を除きます。）における修学のための費用に充てるものとして支給する金品で、その修学のための費用として適正なものについては、役員又は使用者である個人の親族のみをその対象とする場合を除き、前記2の取扱いに準じ、課税しなくても差し支えないものとするとされています（所基通9-16）。この取扱いは、前記1の取扱いと相反しているようにも思われますが、使用人に高等学校卒業程度の知識・学力を習得させることは、業務遂行の適正さを保つための必須の研修・教育と考えられますから、そのための授業料等を使用者が負担することにより使用人が受ける利益は、前記2の技術習得や資格取得等のための研修会等への出席費用を負担することによる経済的利益との比較において、課税とするのはバランスを欠くものといえます。つまり、一般教育を対象に援助する学資金と社内の職業教育を対象に負担する技術等の習得、資格取得等のための費用とを区分するに当たり、学校教育のための費用負担とはいえ高等学校教育程度の修学費用は、社員教育の一環としての社外における研修・資格取得等のための費用とほぼ同様の実情にあることを考慮した取扱いと思われます。

　この取扱いは、学校教育法第1条に規定する高等学校以下の学校の修学費用に限られますので、同法第124条の専修学校や第134条の各種学校への修学費用については適用されません。

Point

以上表にまとめると次のとおりとなります。

【学資金等に充てられる金品の課税上の取扱い】

法令通達	対象者	対象となる金品	非課税要件
所法9①十五	制限なし	学資に充てるため給付される金品	給与その他対価の性質を有するもの以外であること。
所基通9-14	役員又は使用人及びこれらの者の子弟	修学のための学資金等として支給される金品	公募による対象者であること。
所基通9-15	役員又は使用人	技術・知識の習得又は免許・資格取得のための研修会等の出席費用、大学等の聴講費用に充てるものとして支給される金品	使用者の業務遂行上の必要に基づいたものであり、対象者の職務に直接必要な費用であること、かつ、これらの費用として適正なものであること。
所基通9-16	使用人	修学のための費用に充てるものとして支給される金品	高等学校以下の修学費用であり、その費用として適正なものであること、かつ、役員又は個人使用者の親族のみを対象とするものでないこと。

6 給与等

慶弔関係金品の課税関係

Q 当社は従業員に慶事又は弔事があった場合、例えば、小学校に入学する子弟のいる者に対しては3万円相当のランドセルを支給するなど、その都度世間並みの金品を贈呈してきました。しかし、従業員数も多くなりましたので、慶弔規程を設けて、今後はこの規程に基づいて慶弔に関する金品等を支給したいと考えていますが、この慶弔規程の作成に当たり、税務上注意すべき点がありましたら、アドバイスをお願いします。

論点

慶弔行事等に関して役員又は使用人に対して支給される金品についての課税の要否は、支給の基因となる慶事や弔事等が社会一般に行われている範囲のものかあるいは支給する金品の額が社会一般的な範囲内のものかにより判定する必要があります。

A

1 慶事の祝金品

雇用契約等に基づいて支給される結婚祝金品等については、次のように取り扱われています。すなわち、「使用者から役員又は使用人に対し雇用契約等に基づいて支給される結婚、出産等の祝金品は、給与等とする。ただし、その金額が支給を受ける者の地位等に照らし、社会通念上相当と認められるものについては、課税しなくて差し支えない」とされています（所基通28-5）。

この取扱いでは、雇用契約等に基づいて支給されるものは祝金品であっても、原則として給与として課税すべきであることが明らかにされています。しかしながら、支給される金額が、支給を受ける者の地位等からみて、社会通念上相

当の範囲であれば課税しないこととされています。これは、結婚、出産のような慶事に対して祝金品を贈ることは広く社会的儀礼又は慣習として行われている状況から、使用者が役員又は使用人に同様の趣旨で支給する場合、その金額が、受給者の地位、年齢、勤続年数等を勘案して社会通念上相当と認められる範囲内の金額であれば、国民感情等を考慮して課税しない取扱いとされたものと思われます。

　この取扱いでは、結婚と出産の祝金品が例示されていますが、慶事であればどのようなものでも祝金品の支給は課税されないのかというと、やはりこれも社会一般に広く行われている慶事における贈答に限られると考えるべきでしょう。結婚や出産はその典型的代表例ということです。また、慶事の祝いとして行われるものは本人だけでなく、その子弟等家族に対するものも含まれます。例えば、本人の成人、新築等の祝い、子弟の入学、就職、成人、結婚等の祝いは世間一般に広く行われています。入学の場合、小学校だけでなく中学校、高等学校と段階ごとに支給することも当然あり得ます。一方、褒章の受章、喜寿や米寿あるいは博士号の取得といった慶事の祝金品については、前者の場合、その支給を受ける者は使用人の定年年齢との関係から特定の者、それも役員に限られると考えられることや、後者の場合、人生の節目の慶事と異なり職務の成果に対する褒賞と考えられるので、社会一般に行われているものとはいえず、給与として課税する必要があると考えられます。この点に関して、大学教授がノーベル賞を受賞し大学当局からお祝いの金品を支給された場合、趣旨からは職務の成果に対するものですので課税といわざるを得ませんが、金額にもよりますが国民感情からは微妙なものがあります。

　（注）　ノーベル基金からノーベル賞として交付される金品は非課税とされています（所法9①十三ホ）。

　また、支給する金品の金額又は価額が社会通念上どの程度であれば相当の範囲であるかが問題となります。その慶事の内容、地域の慣習等によって差異がありましょうが、例えば、結婚の場合であれば一般社員で5万円、役付き者で10万円、成人、出産又は入学の場合で3万円相当以下であれば、社会常識の

6　慶弔関係金品の課税関係

範囲内ということで非課税として認められるものと思われます。

2　弔事又は災害等の見舞金

　個人に不幸があったときにも、お見舞いとして一定の贈答を行うという慣習は社会一般に行われているところです。このような場合の贈答に関しての取扱いでは、「葬祭料、香典又は災害等の見舞金で、その金額がその受贈者の社会的地位、贈与者との関係等に照らし社会通念上相当と認められるものについては、令第30条の規定により課税しないものとする」とされています（所基通9-23）。これは、所得税法施行令第30条第3号の「心身又は資産に加えられた損害につき支払を受ける相当の見舞金」をやや拡張して解釈されているように解されますが、非課税の根拠とされるものです。したがって、この取扱いに該当すれば法人及び個人から受ける見舞金については課税されないことになります。

　なお、個人間の見舞金等については所得税とは別に贈与税の問題が生じますが、これも「社交上の必要によるもので贈与者との関係に照らして社会通念上相当と認められるもの」は贈与税を課税しないこととされています（相基通21の3-9）。

　使用者が役員又は使用人あるいはその家族に起きた弔事、不幸又は被災に際して葬祭料、香典又は災害等の見舞金を支給することは、広く一般に行われているところです。葬祭料又は香典については、社会的慣習として定着していますから説明を要しないと思われますが、災害等の見舞金にはどのようなものまでが含まれるかの疑問が生じます。地震や風水害、落雷等の自然災害、火災等の人為による災害のため身体に傷害を負った場合や家屋等の資産に損害を受けたような場合、また疾病による入院等の場合などに支給する見舞金が該当することになると思われます。

　この場合にも、支給する金額が社会通念上相当であることが非課税の要件となりますが、受贈者の社会的地位や受贈者と贈与者との関係に依存するところが大きく、一律にいくら以上は課税対象というように定量的に示すことは困難なのでケースバイケースで判断することになりましょう。

Point

　慶弔規程の新設に当たり、支給対象となる慶事又は弔事の範囲や支給金額について地域や業種等の世間相場を十分勘案して、客観的な基準を設けることが重要です。

6　慶弔関係金品の課税関係

7 給与等

社内提案制度による報償金の課税関係

> **Q** 当社は食料品製造業を営んでいますが、この度の合併を機に合併後の新会社のシンボルマークやキャッチフレーズの提案を全社員から募集することとしました。そして、最優秀者1名に賞金として現金5万円、佳作者3名に3万円程度の電子文具を贈呈することとなりました。採用されたシンボルマーク等は、会社案内や各種広告媒体、名刺などに使用することを予定していますが、受賞者に支給する賞金や賞品は給与所得として課税の対象になるのでしょうか。また、賞金と賞品とで取扱いに違いがありますか。

論点

提案制度により入賞者が支給を受ける賞金品に対する課税は、工夫、考案等がその提案者の通常の職務の範囲内の行為であるか否かにより課税関係が異なります。

支給を受けるものが賞金か賞品かにより課税関係が異なることはありませんが、賞品については評価の問題があります。

A

1 工夫、考案等に対する褒賞金等

事務や作業の合理化、製品の品質の改善又は経費の節約等に寄与する工夫、考案等をした役員又は使用人が使用者から支払を受ける褒賞金、表彰金、賞金等の金額について、その工夫、考案等がその者の通常の職務の範囲内の行為である場合には給与所得、その他の場合には一時所得(その工夫、考案等の実施後の成績等に応じ継続的に支払を受けるときは、雑所得)とされています(所基通23～35共-1(3))。そして、工夫、考案等の内容については、事務等の合理化、品質の改善、経費の節約に寄与するものが例示されていますが、この工夫、考案等の対象には、使用者である企業の業務上有

益、有用なものであれば、直接、技術や事務の改善、合理化や生産向上に関するものに限られるものではなく、企業イメージの向上や商品のネーミングのようなものも含まれると解されます。

2 通常の職務の範囲内の行為

　提案制度等に基づき支払われる褒賞金等の扱いは、その提案が「その者の通常の職務の範囲内の行為」か否かにより、給与所得又は一時所得（雑所得）とその区分が分かれることになります。

　そこで、通常の職務の範囲内の行為に該当するかどうかですが、一般に、その工夫、考案等の内容がそれをした者の職務と直接的な関係がある場合には、その提案は通常の職務の範囲内の行為に基づくものといえますが、職務と直接関係のない者がした提案は、通常の職務の範囲内の行為には該当しないと考えられます。具体的には、経理課に所属して伝票や請求書、領収書等の帳票類の整理及び帳簿、伝票等の入力を通常の職務としている者が、経理事務の省力化や帳簿、伝票の体系等の改善について提案したような場合には、その提案行為はその者の通常の職務の範囲内の行為には該当しないとして取り扱われます。これは、提案者の本来の職務は伝票等の整理や入力作業であり、その本来の職務に関連する事柄ではあっても、その提案行為自体は通常の職務の範囲内の行為とはいえないと考えられるからです。したがって、専ら工夫、考案等をすることが通常の職務である者がする提案は、通常の職務の範囲内の行為に該当しますが、それ以外の者がする提案は該当しません。例えば、新商品の販売企画に関する提案に対して商品企画部の担当者が提案する場合や、新商品の研究開発の担当者がその新商品のネーミングを提案するような場合には、通常の職務の範囲内の行為と認められることとなりますので、これらの者が提案制度により褒賞金を受け取るような場合には、給与所得とされますが、一般に、全社員を対象に提案募集するような場合に、給与所得とされることは極めて少ないと思われます。

3 質問のケースの場合

　提案制度による褒賞金の課税の取扱いのポイントは、通常の職務の範囲内の行為であるかどうかということになります。上記2のとおり、その提案者がその企業の代名詞となるようなキャッチフレーズを考案等することを本来の職務とするような者、例えば、消費者や利用者、株主等の利害関係者に対して企業の実績やイメージのPRを専ら担当している者であれば給与所得とされますが、それ以外の者の場合には、通常一時所得とされます。一時所得としての課税は、総収入金額から諸経費を控除後の残額から50万円の特別控除額を控除した金額の2分の1とされています（所法22②二、34②③）。

　なお、一時所得とされる者のケースで、極めて稀とは思われますが、褒賞金が継続的に支払われる場合には、その褒賞金は雑所得となります。

　ところで、上記1の通達の取扱いでは、金銭支給のみを予定しているようにも解されますが、所得税法の収入金額は、金銭に限るものではありません（所法36①）ので、提案制度により受賞者が受ける賞品も賞金と同様に課税の対象となります。

　また、賞品（物）で支払われる場合の収入金額は、その物が使用者において通常他に販売するものでない場合には、その物の通常売買される価額とされ、その物が使用人等に支給するために使用者が購入したもので、その購入時からその支給時までの間の価額変動が極めて小幅なときはその購入価額によることができるとされています（所基通36-39(2)）。しかし、その賞品に提案制度による受賞である旨の刻印や印字がされていれば、広告宣伝等のための賞品の評価を準用してその物の通常の小売販売価額いわゆる現金正価の60%相当額によって差し支えないと思われます（所基通205-9(7)）。

Point

提案制度等による考案等により支払を受ける褒賞金等は、その提案者の通常の職務の範囲内の行為であるかどうかにより所得区分が異なりますが、通常の職務の範囲内の行為は提案なり献策を本来の職務とする者の行う工夫、考案等のように、極めて限定されたものと考えられます。

7 社内提案制度による報償金の課税関係

8 給与等

食事等の支給による課税関係

Q 役員や使用人に食事を提供した場合に、役員や使用人が受ける経済的利益について一定の要件を満たせば課税されないということを聞きましたが、どのような場合に支給する食事が課税されないのでしょうか。

論点

一般の勤務者に支給する食事については、使用人等が食事の価額の50％以上を負担し、かつ、使用者の負担額が月額3,500円以下であることが非課税の要件とされ、その他残業者や宿日直者に支給する食事については非課税、深夜勤務者に支給する勤務1回当たりの食事代金300円以下についても非課税とされます。

A

1 食事の現物給与

使用者から役員又は使用人（以下「使用人等」といいます。）が食事の支給を受け、その食事の代金を負担していない場合や一部しか負担していない場合のその負担すべき食事の代金は、その使用人等にとって最も日常的な生活費ですから自己の稼得した所得の中から支出すべきと考えられます。そこで、本来、自己の食事代として支出すべきであった金銭を支出しないで済んだ、あるいは使用者から食事代相当額の金銭の交付を受けそれをもって食事代に充てたという意味で経済的利益を受けていることになります。したがって、食事の支給を受けた使用人等については、その受けた経済的利益の額に相当する給与の収入があったことになります（所法28①、36①）。

一方、使用者が使用人等に支給する食事については、福利厚生的な性格があることの一面も否定しがたいことを考慮すると、生活費ということのみで一律に課税するのは必ずしも適当とはいえないことから、税務上は食事を支給する

実態に応じてその取扱いが以下のとおり定められています。

2 昼食等の通常の食事の支給

使用者が使用人等に対し支給する最も一般的と認められる食事については、次のように取り扱われます。すなわち、使用者が使用人等に支給する食事（次の5に該当するものを除きます。）が、次のいずれにも該当する場合には、食事の支給による経済的利益はないものとして取り扱うこととされています（所基通36-38の2）。

① 使用人等が食事の価額の50％以上を負担していること
② 使用者の負担額が月額3,500円以下であること

この取扱いによる課税、非課税の判定を次表の具体例でみてみます。金額はいずれも消費税込みの価額です。例1は使用人等の負担額が半額未満であること、例2及び例4は使用者の負担額が3,500円を超えていることから課税となります。残りは2つの要件を満たしていますので課税されません。この場合の使用者の負担額が3,500円を超えるかどうかの判定は、使用者の負担額に105分の100を乗じた金額（10円未満の端数切捨て）により行います（平元直法6-1）。

	食事の価額	使用人等の負担額	使用者負担額	課非判定	課税対象金額
例1	5,000円	2,000円	3,000円	課税	3,000円
例2	7,500円	3,750円	3,750円	課税	3,750円
例3	7,500円	3,825円	3,675円	非課税	0円
例4	8,000円	4,000円	4,000円	課税	4,000円
例5	9,000円	5,500円	3,500円	非課税	0円

（注） 3,675円×100/105＝3,500円

3 食事の評価方法

前記2において、使用人等に対し支給する食事については、次に掲げる区分

に応じ、それぞれ次に掲げる金額により評価することとされています(所基通36-38)。

(1) 使用者が調理して支給する食事……その食事の材料等に要する直接費の額に相当する金額
(2) 使用者が購入して支給する食事……その食事の購入価額に相当する金額

このように、(1)の場合には、水道光熱費や人件費等の間接費を除いた金額で評価することとなります。

なお、給食業者等の外部の業者に委託して支給する食事については、原則として、使用者が、①社内の食堂、調理場等の給食施設を給食業者に使用させ、かつ、②主食、副食等の材料等を提供している場合には、自社調理の食事とし、その他の場合には、使用者がその給食業者から購入した食事として取り扱われます。したがって、①の条件は満たしていても②の条件に該当しなければ、自社調理として食事の材料等の直接費の額により評価することはできないことになります。しかし、食事の支給を受ける使用人等にとっては、材料等の提供が使用者であるか給食業者であるかにより、評価方法が異なることは適当でないと考えられます。そこで、給食業者が会社に請求する材料費とその他の費用との内訳が適正かつ明確に区分されていれば、使用者自身が材料等を提供している場合に準じて、材料等の直接費の額により評価することも認められるものと思われます。そのためには、給食業者の請求に際して、材料費と他の諸費用を含めた明細が明確に区分され適正なものを提出させることが重要です。

4 指定食堂で食券利用の場合

食事を自社で調理、購入したり、外部業者に委託するほか、近隣の飲食店と契約し、使用人等が利用の都度、使用者が無料で支給した月額3,500円(税抜き)相当の食券を食事と引き換えに各飲食店から食事の提供を受け、各飲食店は毎月食券を取りまとめその券面金額の合計額を使用者へ請求するというよう食券を利用する方法があります。しかし、無料で支給した月額3,500円相当の食券を交付するだけでは、使用人等が食事の価額の半額以上を負担するという

要件を満たすかどうかの確認ができません。したがって、この方法による場合には、1か月間有効の7,000円相当の食券を3,500円以上で販売するなど、使用人等が必ず半額以上を負担するような仕組みとする必要があります。具体的には、次のような方法により使用者負担額が月額3,500円以下となるようにすれば課税問題を生じません。

(1)　100円券、50円券等の金額表示のある食券を、その券面額の半額以上の金額で販売する方法……この場合、その月中に交付する食券の券面額の合計額が7,000円を超えるときは、その金額から3,500円を控除した金額以上で販売しないと課税問題が生じることになります。

(2)　上記(1)と同様に、金額表示のある食券を一定額まであらかじめ交付しておき、給料日にその月中に使用した食券の券面額が半額以上の金額を一括して徴収する方法……この場合も、その月中に交付する食券の券面額の合計額が7,000円を超えるときは、その合計額から3,500円を控除した金額以上を徴収しないと課税問題が生じます。

5　残業又は宿日直の際の食事

　使用人等が、使用者の業務の必要性に基づいて、残業（通常の勤務時間以外に勤務することをいいます。）又は宿日直を行う際に、これらの勤務をすることにより支給される食事（夕食又は朝食）については、これら勤務に伴う実費弁償的な面があることを考慮して課税されないこととされています（所基通36-24）。この取扱いは、残業や宿日直を行った場合に限られますので、例えば、①24時間稼働の工場勤務者のように交替勤務のため正規の勤務時間がもともと夜間になる者や②宿日直そのものが本務である警備・守衛等の職務にある者には、適用されないことになります。

　なお、宿日直料として支給される金銭については、勤務1回当たり4,000円までは課税されないという取扱いがありますが、金銭により支給される宿日直料と併せて、夕食又は朝食などを支給する場合の非課税限度額は、4,000円から支給された食事の価額（消費税及び地方税相当額を含みます。）を控除

した残額が宿日直料のうち課税されない金額となります（所基通28-1）【第4問参照】。

6　深夜勤務者の食事代

深夜勤務者（労働協約又は就業規則等により定められた正規の勤務時間の一部又は全部を午後10時から翌日午前5時までの間において行う者をいいます。）に対し使用者が深夜勤務に伴う夜食を現物で支給することが困難であるため、その夜食の現物支給に代えて、通常の給与に加算して勤務1回ごとの定額で金銭を支給する場合には、その1回の支給額が300円以下のものについては課税しなくて差し支えありません（昭59直法6-5）。これは、使用者が調理施設を有していなかったり、近くに適当な現物の購入先がないといった事情を考慮したものとされます。したがって、残業として深夜勤務を行った使用人等に対して夜食代として金銭を支給した場合には、この取扱いの適用はなく、また、前記5の取扱いも金銭支給のため適用がないので給与所得として課税されます。

なお、この非課税基準の300円以下であるかどうかの判定に当たっても、消費税及び地方消費税相当額を考慮し、支給額に105分の100を乗じた金額で判定して差し支えないこととされています（平元直法6-1）。

Point

深夜勤務者に対し金銭で支給する食事代は、300円以下であれば課税されないが、300円を超える場合にはその全額が課税となる。

9 給与等

創業記念品の支給と永年勤続者の旅行費用の負担

Q 当社は、今年創業20周年を迎えましたので、これを記念して社員に1万円程度の記念品を支給したいと考えていますが、社員が支給を受ける記念品について課税する必要がありますか。

また、当社はこれまで永年勤続者を表彰する制度がありませんでしたので、創業20周年を機に次のような旅行招待を内容とする表彰規程を制定したいと考えています。

(1) 勤続5年以上10年未満の者　　関東近郊1泊旅行
(2) 勤続10年以上20年未満の者　　関西方面2泊旅行
(3) 勤続20年以上の者　　　　　　東アジア3泊旅行

旅行費用の会社負担額は、(1)が4万円、(2)が7万円及び(3)が10万円を限度とします。この旅行に招待する費用についても、社員に対する経済的利益として課税の対象とされるのでしょうか。

論点

1 創業記念も永年表彰も金銭支給の場合は、給与として課税されます。
2 創業記念品の評価は処分見込価額で行います。
3 永年勤続者表彰による経済的利益で非課税とされるのは原則勤続10年以上の者とされます。

A

1 創業記念品等

役員又は使用人が使用者から受ける各種の経済的利益については、原則として給与所得として課税の対象となります(所法36①)。しかしながら、これら経済的利益について一律に課税することは実情にそぐわない面も多々みられることから、一定の要件に該当する経済的利益については課

税しないとする取扱いが設けられています（所基通36-21～36-30ほか）。

創業記念や増資記念、新社屋落成記念、合併記念あるいは株式上場記念等に際して、使用者が役員又は使用人に対し支給する記念品の取扱いについては、①その支給する記念品が社会通念上記念品としてふさわしいものであり、かつ、そのものの処分見込価額が1万円以下であり、②創業記念のように一定期間ごとに到来する記念に際し支給するものについては、創業後おおむね5年以上の期間ごとに支給するものであれば、その経済的利益については課税しなくて差し支えないこととされています（所基通36-22）。

この取扱いは、あくまでも記念品を支給する場合に限られており、金銭を支給する場合やパーティー開催に伴う費用のようなサービスの提供の場合には、適用されません。また、支給する記念品は、1万円以下であれば何でも構わないということではなく、やはりその記念行事の記念品としてふさわしいものであるかどうかの検討を行う必要があります。

なお、使用者が実施する記念行事は一つとは限らないでしょうから、創業何周年記念の翌年に株式上場記念として記念品を支給したとしても、創業記念との間隔が5年未満との理由のみをもって課税扱いにされることはありません。同一趣旨の記念であれば少なくともおおむね5年の間隔をおくべきということであり、異なる趣旨の記念行事相互の期間が5年の間隔をおかなければならないという意味でないことは自明のことと思われます。

2　質問のケースの場合

記念品がどういうものかがわかりませんので、ここは記念品としてふさわしいものであるとの前提で検討します。もっとも社会通念上記念品としてふさわしいかどうかは一義的な回答を得るのは難しいと思われますので、明らかに常識的にみてふさわしくないというもの以外ある程度許容されるのではないかと思われます。次に記念品の処分見込価額が1万円以下とされていますが、ここでいう処分見込価額とは、記念品の支給を受けた日においてそれを譲渡したするものとした場合にその対価として通常受けるべき価額に相当する金額をいい

ますが（所令321）、現実に処分するわけではありませんからその価額を評価するには、記念品の市場性、刻印等された文字やデザインの有無や位置、その大きさなどを勘案して行うことになります。しかし、実務上、これらについて適正に評価することは困難と認められますから、金銭以外のもので支払われる賞品の評価の方法に準じて、その記念品の小売価額の60％相当額を処分見込価額として差し支えないと考えられます（所基通205-9(7)）。このようにして評価した処分見込価額が1万円以下かどうかは、消費税抜きの価額、すなわち評価額に105分の100を乗じた金額により判定します（平元直法6-1）。

なお、処分見込価額が1万円を超える場合には課税となりますが、その課税の対象となる金額は、処分見込価額ではなく、原則としてその使用者の購入価額となります（所基通36-39(2)）。

したがって、購入価額が1万円程度の記念品であれば非課税として問題ないと認められます。

3　永年勤続者表彰

使用者が、役員又は使用人に対する永年勤続表彰に当たり、その記念として旅行や観劇等に招待し、又は記念品を支給することにより役員又は使用人が受ける利益で、次の要件のいずれにも該当するものについては課税しなくて差し支えないこととする取扱いがあります（所基通36-21）。

① その利益の額がその役員又は使用人の勤続期間に照らし、社会通念上相当と認められること。

② その表彰がおおむね10年以上の勤続年数の者を対象とし、かつ、2回以上表彰を受ける者については、おおむね5年以上の間隔をおいて行われるものであること。

かつての取扱いでは金銭支給が認められていたこともあるようですが、現在の取扱いにおいては、記念品の支給に代えて金銭を支給する場合は含まれていません。また、永年勤続者表彰の趣旨から少なくとも10年以上の勤続者を対象とすることが要件とされています。

永年勤続者に対する表彰は、使用者に対する貢献度の一つの評価としての意味も含め一般に行われている行事ですが、表彰に際しての副賞として記念品の支給や旅行等への招待が行われることが通例となっているようです。この表彰に当たり受賞者が受ける経済的利益について非課税とされるのは、過大な利益でないことや10年未満の者に対するものでないこと、5年未満の期間ごとに頻繁に表彰される者でないこととされています。この記念品の価額や旅行等への招待に要する費用がどの程度であれば社会通念上相当かということですが、勤続年数によりますが10万円程度までは一般に認められる金額の範囲と思われます。

4 質問のケースの場合

そこで、上記3の取扱いに照らして、質問のケースで問題となるのは、(1)の勤続5年以上10年未満の者を対象としていることと、勤続年数からみて会社負担額が社会通念上相当かどうかということの2点です。まず、表彰規程の(1)の対象者は、原則として課税されることになります。取扱いでは「おおむね10年以上」とされていますので、おおむねの範囲はどの程度かが問題となります。おおむね10年は、10年未満も含むと解されますので、1年程度の幅は許される範囲ではないかと思われます。そうすると、旅行参加者に勤続9年の社員がいてもそのことのみをもって課税されることはないと解されます。しかしながら、勤続9年で表彰規程の(1)により旅行に招待され、勤続10年で同じく(2)により旅行に招待されるというような場合には、勤続10年の旅行費用は課税の対象とされます。あくまでも旅行人員の都合とか翌年から海外勤務が予定されているといった事情により繰り上げられる場合に限られると考えられます。ましてや8年目以下の者が旅行に参加した場合には、会社が負担した金額を給与として課税しなければならないことになります。

次に、会社負担額が社会通念上相当の範囲内かどうかですが、一般に永年勤続者表彰として旅行を実施している会社の状況からみても、勤続10年以上20年未満の社員で7万円、勤続20年以上の社員で10万円という金額が、社会通

念を著しく逸脱している金額とは認められませんので、課税の問題は生じないと思われます。

> **Point**
> 1 創業記念品の支給に当たり使用人等に一部負担をさせて、より高額な記念品を支給することは記念品としてふさわしくないものまで対象となる可能性がありますので課税の対象となります。
> 2 自由に選択できる永年勤続者表彰記念品は、金銭を支給したと同様の効果をもたらすと認められますので、原則として非課税とはされません。

10 給与等

値引販売による経済的利益

> **Q** 当社では、決算期を前にして在庫一掃バーゲンセールを予定しており、このセール期間中の販売価額はセール期間以外の20%引とし、社員に対しても値引販売を行うこととしています。この社員に対する値引販売による価額はセール期間以外の販売価額の40%引ですが、この値引きによる経済的利益は課税しなくて差し支えありませんか。

論点

値引率の算定の基礎となる通常の販売価額は、バーゲンセール期間中はその期間のバーゲンによる販売価額によって判定します。

A

1 値引販売による経済的利益の非課税要件

使用者が役員又は使用人に対し自己の取り扱う商品、製品等（有価証券及び食事を除きます。）を値引販売により供与する経済的利益で、次の要件のいずれにも該当するものについては、課税しなくて差し支えないこととされています（所基通36-23）。

(1) 値引販売に係る価額が、使用者の取得価額以上であり、かつ、通常他に販売する価額に比し著しく低い価額でないこと（通常他に販売する価額のおおむね70％未満でないこと）。

(2) 値引率が、役員若しくは使用人の全部につき一律に、又はこれらの者の地位、勤続年数等に応じて全体として合理的なバランスが保たれる範囲内の格差を設けて定められていること。

(3) 値引販売をする商品等の数量は、一般の消費者が自己の家事のために通常消費すると認められる程度のものであること。

なお、食事については、別途取扱いが定められており（所基通36-24、36-

38、36-38の2)、この取扱いの適用はありません【第8問参照】。

2 要件の個別検討

値引販売による経済的利益について、非課税とされる要件を具体的に検討してみます。

(1) 取扱商品等の販売価額が自己の取得価額以上であること

自己の取得価額を下回るような価額による値引販売、すなわち原価割れによる販売はもはや福利厚生の趣旨を逸脱しているといえますので、非課税にする合理的な理由に乏しいということとなります。対象となる取扱商品等には、換金性の高い有価証券や別途取扱いの定めのある食事はその対象から除かれます。また、ここでいう通常他に販売する価額とは、小売業者の場合にはその小売価額、卸売業者の場合にはその卸売価額、製造業者の場合には、その販売価額をいいます。

なお、季節商品の入替等のバーゲンセールにより通常他に販売する価額が原価割れの場合に使用人等に対する販売がその価額を下回るときは、その価額も当然原価割れ（取得価額未満）となりますが、これに対する課税が問題となります。

(2) 販売価額が自己の販売価額のおおむね70％以上であること

非課税対象の値引きはどの程度までかの基準を示すものです。値引販売が百貨店を中心として一種の福利厚生として行われていたものであることやその経済的利益も少額であることを前提としていると考えられますので、30％を超えるような値引きはこれらの趣旨に反することになり課税の対象とされることになります。

なお、バーゲンセール期間中の販売価額は、それ以外の期間の価額に比し大幅に値引きされるのが通例ですが、その場合にはセール期間中の販売価額が通常他に販売する価額となります。そこで、(1)の原価割れで使用人等に販売した場合において、それが通常他に販売する価額（これも原価割れ）の70％基準を満たしており、廃棄処分に要する費用等を考慮に入れた上のものであれば、

課税上弊害があると認められる場合を除き、強いて課税するまでのことはないように思われます。

(3) 値引率は役員をはじめ全社員一律又は地位や勤続年数に応じた合理的な格差により定められていること

値引きを受ける者の地位や勤続年数等に応じた客観的な基準が設けられていれば合理的な格差の範囲内ということになります。

(4) 値引販売する商品等の数量が、家事消費程度のものであること

上記(1)から(3)までの要件を満たしているとしても、一般家庭における家事消費を超えるような数量まで認めるという趣旨ではないと考えられます。つまり値引商品等を大量に取得して他へ転売して利益を上げるような行為は許さないということです。また、不動産業者等が自己の棚卸資産である土地建物等を使用人に値引販売する場合に、他の要件を満たしているからといって、非課税とはされません。これは(2)で述べたとおり、不動産の値引販売のような多額な利益についてまで非課税を認めるものではなく、しかも、家事消費される商品等を前提とした取扱いと思われますので、不動産は予定されていない考えられるからです。

3　質問のケースの場合

バーゲンセール期間中は、その期間中は値引きされた販売価額が通常の販売価額となりますので、値引後の販売価額と比較して70％未満か否かを判定することになります。したがって、お尋ねの場合、仮に500円で取得した商品を通常1,000円で販売していたものを、バーゲンセール期間中は20％引の800円で販売し、使用人には通常の販売価額の40％引の600円で値引販売した場合でも、セール期間中は800円が通常の販売価額とされますので、600円は800円の200円引（25％引）販売となり、使用者の取得価額500円以上ですから要件を満たすことになり、値引販売による経済的利益について課税されることはありません。

Point

1 通常販売価額の30%を超える値引販売の場合、課税されるのは30%を超える部分だけでなく、値引額の全額が課税されるいわゆる免税点方式であることに留意する必要があります。

2 値引販売の対象となる商品等には、少額不追及の趣旨から多額の経済的利益となる不動産や換金性の高い貴金属、商品券は含まないと解されます。

11 給与等

人間ドック・診療の費用の負担

Q 当社では、役員又は使用人の健康管理のため生活習慣病予防に関する検診規程を制定し、年齢40歳以上の使用人等に対して人間ドックによる検診を実施したいと考えています。この検診費用は全額当社で負担することとしていますが、この負担額は検診を受けた使用人等の給与として課税しなければなりませんか。将来は使用人等の配偶者についても検診の対象に加えその費用も当社が負担することを予定していますが、これも課税の必要があるのでしょうか。

また、当社の代表者の知人は経営する病院の役員又は使用人がその病院において診察を受けた場合に、この診察に要した費用のうち自己負担相当の3割の代金を徴収せず、病院が負担しているそうですが、役員又は使用人の給与課税はしていないといいます。問題ないのでしょうか。

論点

1　人間ドックの検診費用の使用者負担により使用人等が受ける経済的利益が非課税とされるかどうかは、特定の者のみを対象としないこと、一般に行われていると認められる検査内容であること等により判定します。
2　病院経営者によるその使用等の診療代の一部負担は、その額が多額でないこと等を満たせば課税の必要はないと考えられます。

A

1　課税されない用役の提供等

所得税法では、役員又は使用人に対して供与する経済的利益であっても、特定のものについては各種の理由から課税しないこととされています。このうち人間ドックの費用負担など用役の提供等については次の取扱いがあります。すなわち、自己の営む事業に属する用役を無償又は通常

の対価の額に満たない対価で提供したり、福利厚生施設の運営費等を負担することにより役員又は使用人が受ける経済的利益は、次に該当する場合を除き課税されないこととされています（所基通36-29）。

① その受ける経済的利益の額が著しく多額であると認められる場合
② 役員だけを対象として供与される場合

2 人間ドックの費用負担

個人の健康管理に要する費用は、本来自己の責任において行うべきものであり、それを使用者が肩代わりすることにより役員又は使用人が受ける経済的利益は、給与所得として課税すべきということになります。しかしながら、人間ドックの検診費用の負担は、自己の事業の用役の無償提供等又は福利厚生施設の運営費等の負担と必ずしも同じとはいえないものの上記通達の趣旨に照らせば、次のような理由から、原則としてその検診費用を経済的利益として課税するには及ばないと考えられます。

① 法律上、労働者を雇用する使用者は労働者に対する健康診断の義務を負っていること。
② 人間ドックが健康管理の必要上、広く一般的に実施されるようになっていること。

　（注）　労働安全衛生法第66条第1項において、「事業者は、労働者に対し、医師による健康診断を行わなければならない」と規定されています。

ただし、上記通達の取扱いにも示されているように、人間ドックの検診の内容が高額なオプション付であるなど一般に企業が実施している検診内容と認められないようなものである場合や検診対象を役員に限るなど特定の者のみとする場合などは課税の対象とされることになります。したがって、生活習慣病対策健康管理規程といったものを制定して、全従業員を対象とするか一定年齢（例えば35歳以上など）の者をすべて対象とするとともに、検診内容は健康管理上の必要から一般に実施されている程度のものとすれば、課税する必要はないと考えられます。

一方、使用者が使用人に対して健康管理の義務を負っているのは上記のとおりですが、使用人の配偶者の健康管理までの義務を負っているわけではありません。また、使用人の家族の人間ドックの検診を受けさせその費用を負担することは、いまだ一般的に行われているともいえません。したがって、使用者が使用人の家族の検診費用を負担する場合には、その使用人に対する給与として課税する必要があります。

3　診料代の一部免除

　自己の営む事業に属する用役とは、不特定多数の顧客に対する用役の提供を目的とする事業、例えば興行業、クリーニング業、理容業、運送業等の事業者が提供する映画の鑑賞、クリーニング、理髪、運送等がその典型といえます。このほかにもサービス業を中心に他の事業・業種でも同様のものが多数あろうかと思われます。病院を経営する医療法人の場合は医療を提供することが事業であり、その使用人等が、罹病したため自己の勤務する病院で診察、治療を受ける際に、使用者である医療法人が行う診察・治療も用役の提供とみることができます。そこで、受診した役員又は使用人が支払うべき診療代のうち自己負担となる部分についてその支払を免除されることにより受ける経済的利益は、その額が著しく多額であると認められる場合や役員だけを対象とする場合を除き、課税する必要はないと考えられます。この場合も、法人が規程を制定することにより、対象者を一部の者に限定しないことや著しく多額となるようなものは不徴収の対象外とするなど基準を明確にして恣意的な取扱いとならないようにすることが必要です。一般には、不徴収とする自己負担相当額が1回の診療当たり数百円から数千円程度であれば、金額的に特に問題となることはなかろうかと思われます。

　また、病気に関して診療代の一部を不徴収とすることについて用役の提供による福利厚生とみることには疑問の向きがあるとしても、見方によっては一種の見舞金ということもできようかと思われます。すなわち、災害等の見舞金で、その金額がその受贈者の社会的地位、贈与者との関係等に照らし社会通念上相

当と認められるものについては、所得税法施行令第30条第3号の規定により課税しないとする取扱いがあります（所基通9-23）。同号によれば、「心身又は資産に加えられた損害につき支払を受ける相当の見舞金」とされていますが、通達ではそれより広く観念していると思われますので、診療費の一部を不徴収とすることは、病気見舞金としての性格を一概に否定できないと思われます。いずれにしても、用役の提供であれ見舞金の支給であれ、社内規程で対象者の範囲や金額の上限、不徴収とする回数等を明確にしておく必要があります。

Point

役員又は使用人の健康管理のため人間ドックの検診を実施する企業は珍しくありませんが、それでもその家族まで検診の対象とすることは一般的とは認められませんので、その費用負担額はその役員又は使用人に対する給与とされます。

12 給与等

非課税とされるレクリエーション費用

Q 当社では社員の士気の高揚を図るため、運動会やボーリング大会、忘年会等のレクリエーション行事を実施することを予定しています。また、3年おきに海外慰安旅行も実施したいと考えていますが、これらレクリエーション行事の費用を会社が負担すると、社員に対する経済的利益として課税になる場合があると聞きましたが、課税されないための要件とはどのようなものでしょうか。

論点

1　レクリエーション行事が社会通念上一般的に行われていると認められるものであり、その経済的利益の額が多額でなければ課税しなくて差し支えありません。
2　ただし、行事不参加者に対して金銭を支給する場合には、不参加者だけでなく参加者に対しても課税される場合があります。
3　旅行については、その旅行期間等の要件を満たし経済的利益が多額でなければ課税されません。

A

1　経済的利益に対する課税の原則

所得税法は、金銭以外の物又は権利その他経済的な利益をもって収入する場合には、その金銭以外の物又は権利その他経済的な利益の価額に対しても課税することを原則としています（所法36①）。この経済的な利益には、①物品の無償又は低価による供与、②土地・家屋等の無償又は低価による貸与、③金銭の無利息又は低利による貸付け、④用役の無償又は低価による提供及び⑤個人的債務を免除又は負担したことによる利益が含まれます（所基通36-15）。そして、使用者から役員又は使用人に供与される経済的な利益は、一般に現物給与といわれ給与所得の収入金額とされます。この場合に課

税の対象とされる価額は、その物や権利を取得し、又はその利益を享受するときの価額とするとされています（所法36②）。

2 課税されない経済的利益

現物給与に係る経済的利益には、金銭による給与と異なり、職務の性質上欠くことのできないもので主として使用者の業務遂行上の必要から支給されるもの、個人への利益の帰属が不明確でその評価が困難なもの、換金性に乏しいもの等の性質があることやその受ける利益の金額も少額なものが通常であり少額不追及の観点から、課税しないこととする取扱いが定められています。レクリエーション費用の会社負担は用役の無償又は低価による提供に該当しますが、これについても一定のものについては課税しない旨の取扱いが定められています。

3 レクリエーション費用の負担の取扱い

使用者が役員又は使用人のレクリエーションのために社会通念上一般的に行われていると認められる会食、旅行、演芸会、運動会等の行事に要する費用を負担することにより、これらの行事に参加した役員又は使用人が受ける経済的利益については、次の場合を除いて課税されないこととされています（所基通36-30）。

(1) 使用者が、その行事に参加しなかった役員又は使用人（使用者の業務の必要に基づき参加できなかった者を除きます。）に対し、その参加に代えて金銭を支給する場合
(2) 役員だけを対象としてその行事の費用を負担する場合

ただし、自己都合による行事の不参加者に金銭を支給する場合には、参加者及び不参加者の全員が課税されることになります。この場合の課税される金額は、不参加者に対して支給する金銭の額に相当する額の給与所得の収入金額があったものとされます（所基通36-50）。

不参加理由				不参加者	参加者
業務の必要	➡	不参加者へ金銭支給	➡	課　税	非課税
自己都合	➡		➡	課　税	課　税

　また、レクリエーション行事のうち旅行に係る経済的利益については、その旅行の期間が4泊5日（目的地が海外の場合には目的地における滞在日数）以内で、旅行の参加者が全従業員等（事業所等の単位で実施の場合はその事業所等の従業員等）の50％以上であれば、原則として課税されません（昭63直法6-9、最終改正平5課法8-1）。

　しかし、その経済的利益が課税されないレクリエーション行事であるためには、社会通念上一般的に行われている行事、つまり福利厚生の趣旨・目的に照らしてふさわしい行事であること及び少額不追及の趣旨を逸脱しない範囲の金額であることが必要です。したがって、旅行期間と参加割合の要件を満たしており、かつ、会社の費用負担が数万円というような旅行でも、年に数回、例えば四季に実施するような場合には問題があると思われます。それぞれの旅行は要件を満たしていても、年に4回も社員慰安旅行を実施するようなことは、社会通念上一般的であるとは認められないのでそのすべての旅行を課税扱いにすべきと考えられます。ただし、例えば、4回のうち1回分は非課税扱いとして取り扱い、他を給与として課税していればその処理は認められると思われます。

4　質問のケースの場合

　レクリエーション費用の会社負担による経済的利益が役員又は使用人の課税問題を生ずるか否かのメルクマールは、社会通念上一般的に行われている行事かどうかということになります。したがって、運動会やボーリング大会、忘年会等の簡易なレクリエーション行事は、広く一般に行われていると認められますので、課税問題が生じることはありません。ただし、一般的に行われている行事内容であっても、その費用負担が多額な場合、言い換えれば多額な経済的利益を使用人等が受けるような場合には、福利厚生の観点から社会通念上一般

的とは認められず、原則どおりに課税されることとなります。例えば、ゴルフコンペのような行事はレクリエーション行事として一般的に行われているとはいえないと思われます。また、旅行については、国内旅行、海外旅行を問わず他の行事に比べ費用が高額になることが多いと思われますが、前述の旅行期間と参加割合の要件を満たしていれば原則として課税されることはありません。しかし、豪華旅行といわれるような多額の費用を使用者が負担するような旅行は、同様の観点から課税されることになります。

　この場合、多額かどうかの判断基準が問題となりますが、特に、海外旅行の場合には、為替や燃油サーチャージ等の諸条件も考慮に入れれば10万～15万円程度までは許される範囲ではないかと考えられます。

> **Point**
> レクリエーション行事の自己都合による不参加者に金銭を支給する場合には、行事参加者を含めて課税となるので注意する必要があります。

13 給与等

社宅の貸与による経済的利益

> **Q** 役員や社員に対して自社で所有している建物を社宅として貸与した場合には、所定の算式に基づいて計算した額以上の家賃をその役員や社員から徴収している場合には、その貸与による経済的利益については課税されないそうですが、当社は建物を第三者から借り上げてこれを役員や社員に貸与したいと考えています。自社所有の建物と同じ算式により計算した金額以上を徴収すれば、課税にならないと考えてよいのでしょうか。

論点

社宅の貸与に当たり、経済的利益として課税されないために徴収すべき賃貸料の額は、役員については使用人より高額の賃貸料を徴収するよう定められています。

役員に貸与する借上社宅については、家主への支払賃借料の額も考慮した金額により賃貸料を徴収しないと課税問題を生じる場合があります。

A　1　通常の賃貸料の額の計算

使用者が事業の用に供する資産を、専属的に利用することにより役員又は使用人が受ける経済的利益は、課税の対象とされますが（所法36）、その経済的利益の額は、その資産について通常支払うべき使用料などその利用の対価の額とされています。この場合、利用する役員又は使用人がその利用の対価として支出する金額があるときは、これを控除した額をもって利用の対価とされます（所令84の2、所基通36-15）。したがって、社宅の貸与を受けることによる経済的利益の額についても、通常支払うべき賃貸料の額（以下「通常の賃貸料の額」といいます。）を基に計算することになります。

この通常の賃貸料の額以上の家賃を役員又は使用人から徴収していれば課税されることはありません。通常の賃貸料の額の計算方法を、貸与を受ける者が役員又は使用人であるかの別、また、役員については社宅の床面積基準に応じて表にまとめると次のとおりとなります（所基通36-40、36-41、36-45）。

区　分		社宅規模	自　社　所　有	借　上　げ
通常の賃貸料の額	役員	床面積132m²超（木造以外は99m²超）	{家屋の固定資産税の課税標準額×12%（木造以外は10%）+敷地の固定資産税の課税標準額×6%}×(1/12)　【算式A】 （所基通36-40）	左記により計算した賃貸料の額と支払賃貸料の50％相当額とのいずれか多い方 （所基通36-40 かっこ書）
		床面積132m²以下（木造以外は99m²以下）	{家屋の固定資産税の課税標準額×0.2％+12円×（家屋の床面積/3.3）+敷地の固定資産税の課税標準額×0.22％}　【算式B】 （所基通36-41）	同　左 （所基通36-41）
	使用人		{家屋の固定資産税の課税標準額×0.2％+12円×（家屋の床面積/3.3）+敷地の固定資産税の課税標準額×0.22％}　【算式B】 （所基通36-45）	同　左 （所基通36-45）

（注）　使用人の場合、表の算式で求めた金額の50％以上の金額を徴収していれば課税されません（所基通36-47）。

(1)　役員社宅の場合

　自社が所有する社宅についての通常の賃貸料の額の計算は、社宅の床面積が132平方メートル（木造家屋以外の家屋の場合は99平方メートル）を超える場合には算式A、それ以下の場合には算式Bと計算式が別になっています。また、借上社宅については、床面積が132平方メートルを超える場合についてのみ、算式Aにより求めた金額と会社が家主に支払っている支払賃貸料の額の50％相当額とのいずれか多い方を通常の賃貸料の額とすることとされています。

　　（注）　木造家屋以外の家屋とは、耐用年数省令別表第1に規定する耐用年数が30年を超える住宅用建物をいい、木造家屋とは、その耐用年数が30年以下の住宅用

建物をいいます（所基通36-40（注）2）。

なお、敷地だけを貸与している場合には、家屋の床面積に関係なく算式Aにより通常の賃貸料の額を計算します（所基通36-41（注））。

(2) 使用人社宅の場合

使用人社宅の通常の賃貸料の額は、床面積に関係なく、算式Bにより求めることとされ、自社所有も借上げも同じ算式で計算します。こうして求めた通常の賃貸料の額の50％相当額以上を使用者が使用人から徴収していれば、使用人が受ける経済的利益はないものとされます（所基通36-47）。

(3) 課税の対象とされる金額

役員については、通常の賃貸料の額は、算式A（借上社宅については、算式Aにより求めた金額と支払賃料の額の50％相当額とのいずれか多い方の額）又は算式Bにより求めることとされていますので、これらの計算式で求めた金額に満たない賃貸料の額を徴収している場合には、通常の賃貸料の額との差額について給与所得として課税されることになりますが、使用人については、算式Bで求めた通常の賃貸料の額の50％相当額以上の賃貸料の額を徴収していない場合には、算式Bで求めた通常の賃貸料の額の50％相当額との差額でなく、算式Bで求めた額との差額が課税の対象とされます。

2　社宅の家賃の特例等

(1) 役員に貸与した社宅の場合、①その社宅の一部を個人の生活場所以外の公的場所として使用しているときは、その使用状況を考慮して通常の賃貸料の額を計算すべきですが、簡便計算として、算式A又は算式Bにより計算した額の70％以上に相当する金額を徴収しているとき、②また、単身赴任者のようにその一部のみを使用しているにすぎない社宅については、算式A又は算式Bにより計算した額（借上社宅については、算式Aの金額と支払賃料の額の50％相当額のいずれか多い方の額）に総床面積のうちに50平方メートルの占める割合を乗じて求めた金額以上の金額を徴収しているときは、それぞれその金額を通常の賃貸料の額として差し支え

ないこととされていますので、課税関係は生じません（所基通36-43）。
(2) 役員に貸与した住宅が社会通念上一般に貸与されている住宅と認められないいわゆる豪華役員社宅に該当する場合には、上記の算式によることなく、原則どおり「資産の利用につき通常支払うべき使用料その他その利用の対価に相当する額」を徴収しなければなりませんので、上記算式に基づいてその簡便計算を認めた前記(1)の特例の適用も認められません。この場合、豪華役員社宅に該当するかどうかは、家屋の床面積（公的使用部分を除きます。）が240平方メートルを超えるものについて、その住宅の取得価額、支払賃貸料の額、内外装その他の設備の状況等を総合勘案して行います。また、家屋の床面積が240平方メートル以下であっても、一般に貸与されている住宅に設置されていないプール等のような設備や施設あるいは役員個人の嗜好等を著しく反映した設備等を有する住宅は豪華役員社宅に該当するものとされます（平7課法8-1）。

Point

借上社宅の通常の賃貸料の額を計算する場合に必要な固定資産税の課税標準額を、家主から提供してもらえないときは、市区町村長に対して固定資産課税台帳の閲覧を申請することにより借上社宅に係る固定資産の価格等の情報を取得することができます（地方税法382の2、同法施行令52の14）。

14 給与等

低利の貸付金による経済的利益

> **Q** 当社では、代表者が多額の相続税を納付する必要が生じたため、その納税資金として、5年前に1億円を当社の借入金の平均調達金利である年利3.2%で貸し付けていますが、当社の借入金が近々完済することになりました。当社の借入金がなくなった後も引き続き貸出時の平均調達金利を適用しても課税上問題ないでしょうか。

論点

原則として、貸付け時の金利が合理的に算定されていれば差し支えないものと考えられます。なお、貸付期間が長期に及びかつその間の金利変動が激しい場合には一定の見直しの必要があると考えられます。

A

1 無利息又は低い金利による金銭の貸付け

給与所得者が、使用者から金銭の貸付け又は提供を無利息又は通常の利率よりも低い利率で受けた場合には、通常の利率により計算した利息の額又はその通常の利率により計算した利息の額と実際に支払う利息の額との差額に相当する金額は、経済的利益として給与課税の対象とされることになります（所法36①、所基通36-15（3））。

この場合の通常の利率については、次により評価することとされています。すなわち、使用者が役員又は使用人に貸し付けた金銭の利息相当額については、その金銭が使用者から借り入れて貸し付けたものであることが明らかな場合には、その借入金の利率により、その他の場合には、貸付けを行った日の属する年の前年の11月30日を経過する時における日本銀行法第15条第1項第1号の規定により定められる商業手形の基準割引率に年4％の利率を加算した利率（その利率に0.1％未満の端数があるときは、これを切り捨てます。）により評価することとされています（所基通36-49）。前者はいわゆるヒモ付き融資と

呼ばれるもので、会社が金融機関等から調達した資金に付される利率により、役員又は使用人に融資する資金の利率を評価するものです。後者のヒモ付き融資以外の場合には、かつての公定歩合に4％を加算した利率で評価することとされています。

2　課税されない無利息貸付け等

　無利息又は通常の利率よりも低い利率で金銭の貸付けを受けた場合の経済的利益は、1のとおり課税されるのが原則です。しかしながら、例外として次のものについては課税しなくて差し支えないこととされています（所基通36-28）。

(1)　災害、疾病等により臨時的に多額な生活資金を要することとなった役員又は使用人に対し、その資金に充てるために貸し付けた金額につき、その返済に要する期間として合理的と認められる期間内に受ける経済的利益

(2)　役員又は使用人に貸し付けた金額につき、使用者における借入金の平均調達金利（例えば、当該使用者が貸付けを行った日の前年中又は前事業年度中における借入金の平均残高に占める当該前年中又は前事業年度中に支払うべき利息の額の割合など合理的に計算された利率をいいます。）など合理的と認められる貸付利率を定め、これにより利息を徴している場合に生じる経済的利益

(3)　(1)及び(2)の貸付金以外の貸付金につき受ける経済的利益で、その年（使用者が事業年度を有する法人である場合には、その法人の事業年度）における利益の合計額が5,000円（使用者が事業年度を有する法人である場合において、その事業年度が1年に満たないときは、5,000円にその事業年度の月数（1月未満の端数は1月に切り上げた月数）を乗じて12で除して計算した金額）以下のもの

以上のような経済的利益が非課税とされるのは、次のような理由によるものと考えられます。

(1)について

14　低利の貸付金による経済的利益

災害、疾病等といった予期しない突発的な事情が生じたために臨時的に多額の生活資金を要することとなった役員又は使用人は、担税力が喪失又は著しく減殺されていますので、これらの者に対して無利息又は低利で貸付けを行ったことによる利息に係る経済的利益についてまで課税することは、被害又は窮状を救済する意味からも適当ではないと判断されるためです。したがって、多額の資金を要するためといっても、子弟の教育資金や結婚資金などのようにあらかじめその必要性が予測可能な緊急の事情と認められない個人的費用のための貸付金の利息に係る経済的利益は、原則どおり課税されることになります（ただし、(3)に該当するものを除きます。）。

　なお、非課税とされるのは返済期間として合理的な期間内に受ける経済的利益とされていますので、担税力が回復した後も利息を徴収していない場合の経済的利益については、課税されることになります。

(2)について

　役員又は使用人に対して合理的と認められる貸付利率を定めてこれにより利息を徴収している場合には、経済的利益はないものとされます。そして、合理的と認められる貸付利率の例として使用者における借入金の平均調達金利が示されその計算方法が明らかにされています。平均調達金利の計算の基礎となる借入金の利率は、担保や保証人の有無、長期、短期の別からその借入れの目的や用途など区々だと思われますが、使用者の平均調達金利又はそれ以上の利率で役員又は使用人へ貸し付けた場合、使用者から役員又は使用人への経済的利益は移転されていないとみることができるため課税しないこととされているものです。仮に使用者が借入金を有していない場合には、この平均調達金利は使用できないことになりますので、その場合には、今後借りるとすればどの程度の利率になるかを金融機関に確認するなど合理的に適正な利率を設定する必要があります。

　なお、関連会社から市場金利とは著しく乖離した利率により資金を調達しているような場合には、たとえ平均調達金利により貸し付けていても課税上の問題を生じることが考えられます。

いずれにしても、無利息で貸し付けしている場合には、(1)の事情がない限り課税されることになります。

(3)について

どのような事情による貸付金であっても、経済的利益の絶対額が少額なものについては強いて課税しないという少額不追及の趣旨によるものと、源泉徴収義務者である使用者に煩瑣な事務を強いることを避けるためです。

3　質問のケースの場合

代表者に対して平均調達金利で貸し付けている場合に、会社が調達した資金を完済した後も引き続き貸付け時の平均調達金利を適用してよいかということですが、上記(2)の取扱いでは、金利変動に伴う平均調達金利の見直しは予定されていないと解されます。したがって、貸付け時の利率が合理的に計算されている限り引き続き従来の利率によって差し支えないと考えられます。

しかし、著しい金利の変動等課税上弊害があると認められるような場合には、貸付利率の見直しが必要になると思われます。

Point

使用人が自己の住宅取得資金を使用者から無利息又は低利で融資を受けた場合等の一定の経済的利益について所得税を課さないこととする特例は、平成22年12月31日の適用期限の到来をもって廃止されましたので注意が必要です（所要の経過措置が設けられています。）。

15 使用者負担の生命保険料等

給与等

> **Q** 当社では、福利厚生制度の一環として、当社を契約者とし役員又は使用人を被保険者とする生命保険に加入することとし、保険料は全額を当社が負担する予定です。この場合、保険の種類や保険金の受取人の違いにより課税上も取扱いが違ってくるのでしょうか。

論点
養老保険であるか定期保険であるかにより、また、保険金の受取人が使用者であるかあるいは役員又は使用人であるか等によっても課税関係が変わってきます。

A 使用者が、自己を契約者として役員又は使用人（これらの者の親族も含みます。）を被保険者とする生命保険に加入して、その保険料を支払ったことにより使用人等が受ける経済的利益は、その保険が養老保険であるか、定期保険であるか又は養老保険に定期保険を付したものであるかによりそれぞれ次の1から3までのように取り扱われることとなります。

1 養老保険の保険料

養老保険とは、被保険者が満期まで生存している場合又は被保険者が死亡した場合のいずれの場合にも保険金が支払われる生死混合保険をいいますが、使用者がその保険料を支払った場合の税務上の取扱いは次のとおりとされています（所基通36-31）。

(1) 死亡保険金及び生存保険金の受取人が使用者である場合には、その支

払った保険料の額に相当する金額について、役員又は使用人が受ける経済的利益はないものとされ課税されません。

なお、使用者は、保険事故の発生又は保険契約の解除若しくは失効により保険契約が終了するまではその保険料の額を資産計上する必要があります。

(2) 死亡保険金及び生存保険金の受取人が被保険者又はその遺族である場合には、支払った保険料の額に相当する金額は、役員又は使用人に対する給与等として課税されます。

(3) 死亡保険金の受取人が被保険者の遺族で、生存保険金の受取人が使用者である場合には、役員又は使用人が受ける経済的利益はないものとされます。ただし、特定の役員又は使用人（これらの者の親族を含みます。）のみを被保険者としている場合には、支払った保険料の2分の1に相当する金額は、給与等として課税されます。

なお、この場合、特定の役員又は使用人に該当するかどうかの判定は、次により行います（下記2の場合も同様です。）。

イ　保険加入の対象とする役員又は使用人について、加入資格の有無、保険金額等に格差が設けられている場合であっても、それが職種、年齢、勤続年数等に応ずる合理的な基準により、普遍的に設けられた格差であると認められるときは、特定の役員又は使用人のみを被保険者としているとは取り扱われません。

ロ　役員又は使用人の全部又は大部分が同族関係者である法人については、たとえその役員又は使用人の全部を対象として保険に加入する場合であっても、その同族関係者である役員又は使用人については、特定の役員又は使用人のみを被保険者としていると取り扱われます。

また、使用者が自己を契約者とし、役員又は使用人（これらの者の親族を含みます。）を被保険者とする傷害特約等の特約を付した養老保険のその特約部分の保険料を支払った場合に役員又は使用人が受ける経済的利益については、課税されません。ただし、特定の役員又は使用人（これらの者の親族を含みま

す。)のみを傷害特約等の給付金の受取人としている場合には、その保険料の額に相当する金額は、その役員又は使用人に対する給与所得として課税されます(所基通36-31の4)。この特約部分の保険料の取扱いは下記2及び3の定期保険及び定期付養老保険の場合も同様です。

2 定期保険の保険料

定期保険とは、一定期間内に被保険者が死亡した場合にのみ保険金が支払われる死亡保険といわれる生命保険をいいます。死亡保険金の受取人が被保険者の遺族で、かつ、特定の役員又は使用人(これらの者の親族を含みます。)のみを被保険者としている場合に限り、使用者が支払った保険料の額に相当する金額はその役員又は使用人に対する給与等として課税されますが、それ以外の場合には課税されません(所基通36-31の2)。

3 定期付養老保険の保険料

定期付養老保険とは、養老保険を主契約とし定期保険を特約として付加したものをいい、その取扱いは次のとおりです(所基通36-31の3)。

(1) 保険料の額が生命保険証券等において養老保険部分と定期保険部分とに区分されている場合には、前者の保険料については上記1の取扱いにより、後者の保険料については上記2の取扱いによります。

(2) (1)以外の場合には、保険料の全額を上記1の養老保険の取扱いによります。

使用者契約の生命保険料の課税関係

保険料	保険金受取人		主契約保険料		特約保険料
	死亡保険金	生存保険金	養老保険部分	定期保険部分	
養老・定期の区分あり	使用者	使用者	非課税		非課税。ただし、役員又は特定の使用人のみを被保険者とする場合には給与
	役員又は使用人の遺族	役員又は使用人	給与	非課税。ただし、役員又は特定の使用人のみを被保険者とする場合には給与	
	役員又は使用人の遺族	使用者	非課税。ただし、役員又は特定の使用人のみを被保険者とする場合には2分の1給与		
養老・定期の区分なし	使用者	使用者	非課税		
	役員又は使用人の遺族	役員又は使用人	給与		
	役員又は使用人の遺族	使用者	非課税。ただし、役員又は特定の使用人のみを被保険者とする場合には2分の1給与		

4 その他の取扱い

　使用者が自己を契約者とする生命保険に関する取扱いは、以上のほかにも次の取扱いがあります。

(1)　使用者が、いわゆる保険の下取りといわれる契約転換制度によりその加入している養老保険又は定期付養老保険を他の養老保険、定期保険又は定期付養老保険に転換した場合には、その転換のあった日に転換後の契約の責任準備金に充当される部分の金額（役員又は使用人に対する給与等とされている金額がある場合にはその金額を除きます。）に相当する金額の保険料の一時払いをしたものとして、転換後の保険契約の内容に応じて上記1から3までの取扱いが適用されます（所基通36-31の5）。

(2)　上記1から3まで及び4の(1)の取扱いは、一般の生命保険契約のほか旧簡易生命保険契約又は農業協同組合の締結した生命共済契約等についても

同様に取り扱われます（所基通36-31の6）。

(3) 法人が自己を契約者とし、役員又は使用人（これらの者の親族を含みます。）を被保険者とする個人年金保険に加入してその保険料を支払った場合に、死亡給付金及び年金の受取人が被保険者又はその遺族であるときは、その保険料の額はその役員又は使用人に対する給与等とされます（平2直審4-19）。

(4) 使用者が自己を契約者とし、役員又は使用人のために、役員又は使用人（これらの者の親族を含みます。）の身体を保険又は共済の目的とする保険契約又は共済契約あるいは役員又は使用人の家屋又は資産を保険等の目的とする一定の保険契約又は共済契約に係る保険料や共済掛金を支払ったことによりその役員又は使用人が受ける経済的利益については、課税されないこととされています。ただし、役員又は特定の使用人のみを対象としてその保険料等を支払うこととしている場合には、その支払った保険料等の額に相当する金額は、その役員又は使用人対する給与等として課税の対象とすることとされています（所基通36-31の7）。

(5) 上記1から3までの取扱いにより、使用人等の給与として課税対象とされる場合であっても、その受ける経済的利益の額が他の健康保険や雇用保険、損害保険等の保険料や掛金と合計して1か月当たり300円以下であれば課税されないこととされています。ただし、使用者が特定の役員又は使用人のみを対象として保険料等を負担する場合を除きます（所基通36-32）。

なお、使用者が、役員又は使用人が契約した生命保険契約等に係る保険料や掛金で役員又は使用人が負担すべきものを負担した場合には、その負担した金額は、その役員又は使用人に対する給与等として課税されます（所基通36-31の8（1））。

Point

使用者が役員又は使用人を被保険者とする保険に加入する場合、支払う保険料についての課税関係を十分考慮して受取人等を決定する必要があります。

15 使用者負担の生命保険料等

16 給与等

カフェテリアプランとその課税関係

> **Q** 従業員のための福利厚生の施策にカフェテリアプランというものがあると聞きましたが、どのような内容でしょうか。また、これによる経済的利益に対する課税はどのようになるのでしょうか。

論点

カフェテリアプランの個々のサービスの内容により、その経済的利益についての課税関係を判断することになりますので、それにより課税の場合、非課税の場合と分かれます。

A

1 カフェテリアプラン

アメリカを発祥とする選択型福利厚生制度で、日本では平成7年に初めて導入する企業が現れました。この制度は従業員が希望する福利厚生サービスをメニューから自由に選択できるようにしたことに特長があります。

通常、従業員に一定のポイントを与え、そのポイントの範囲内で希望するプランを選択する方式が一般的で、食堂のカフェテリア方式のように個人が自分の好みのサービスを自由に選択できることから、このような呼び名になったといわれています。具体的には、例えば、1ポイント100円として年間1,000ポイントを全従業員に付与し、会社が用意したリゾート施設、スポーツクラブや人間ドックなどの健康・医療施設の利用、各種疾病・育児・介護の補助や支援、住宅関連補助などのメニューから自分が必要とするものを選択し、その利用に応じサービスごとに定められたポイント数を消化していくというものです。導入企業の多くは1ポイント100円として、1,000ポイント前後を付与する例が多いようです。

カフェテリアプランの長所としては、①限られた予算で従業員の多様なニーズに効率的に対応ができること、②従業員の福利厚生への関心が向上すること、③コストを抑えながらメニューに新サービスを追加できること、④従業員採用時の宣伝効果があることなどが挙げられています。

また、このような多様なメニューの提供をアウトソーシングする会社も増加傾向にあるようです。

2 カフェテリアプランの課税関係

カフェテリアプランはアメリカにおいては内国歳入法（IRC）第125条で規定されていますが、日本ではこうしたカフェテリア税制は特に規定はされていませんので、現行の所得税法の規定や取扱いにより課税関係を律していくことになります。ただ、現在日本で導入されているカフェテリアプランはアメリカの税制に準拠するような仕組みをとっているものが多いといわれています。

従業員はカフェテリアプランの用意されたメニューから希望する福利厚生サービスを選択することにより、すなわち与えられたポイント数を消化することにより、カフェテリアプランによる福利厚生のサービス、言い換えれば経済的利益を受けることになります。したがって、ポイントを利用してサービスを受けた場合に経済的利益が生じますので、ポイントを付与された時点では課税関係は生じません。

この経済的利益に対する課税は、年間で消化するポイント数が一定の基準以下であれば課税されないというものではありませんし、また、メニューの中に非課税とされないサービスが含まれているからといってカフェテリアプラン全体が課税されるということもありません。あくまでも従業員が受けた個々の福利厚生サービスの内容に応じてその課税関係が判断されます。

例えば、旅行費用又は映画演劇の鑑賞やスポーツ観戦のチケットの購入代金を一定限度額まで補助するような場合には、個人が負担すべき趣味や娯楽の領域の費用を使用者が肩代わりするものと認められますから給与として課税の対象となります。会社がレクリエーション行事の費用を負担した場合と同じ取扱

いをすべきではないかとも考えられますが、会社が企画立案して従業員の全員を対象に一律に提供するものとは異なっていますので、レクリエーション行事のように非課税とはなりません。また、個人年金の補助として積立額に応じて現金を支給したり自己啓発のための通信教育講座の受講費用を負担する場合も、前者は個人の資産形成に対する補助であり、後者は会社の業務遂行と無関係な自己啓発のための個人的費用の補助となりますから、これらも課税の対象とされます。

一方、医療費や付添看護料の補助あるいは人間ドックの検診費用の負担は、健康管理の必要性から行われているもので一般に実施されている程度のものであれば、非課税として取り扱われます。これらには、例えば保険診療の負担額が1か月当たり一定金額を超える場合に所定の金額までの補助や本人やその家族が傷病のため必要な看護料や差額ベッド代の補助、あるいは多額のオプション付の人間ドック以外の一般的な検診項目の人間ドックの費用負担などがあります。これらの課税、非課税の判定には、ポイント数が低いから課税されないというものではありません。

ただし、ポイント数の付与が地位や報酬額に応じて比例的に行われるものは、一種の手当としてカフェテリアプラン全体について課税の対象とされますので、付与されたポイント数に応じた金額が給与課税の対象となります。また、未利用のポイントを現金に換金することができるようなカフェテリアプランはそのサービスすべてが課税となります。

したがって、付与に当たっては全従業員が均等になるように注意することが必要です。

Point

ポイントの付与時には課税関係は生じませんが、ポイントの利用は従業員の随意となりますからポイントの管理と課税、非課税の判断を的確に行う必要があります。

17 給与等

有給休暇の買上げ等に伴う課税関係

Q 当社では、社員に対し年間20日間の有給休暇を与え、未消化の休暇日数は10日を限度として翌年への繰越しを認めています。しかし、繁忙のため従業員の年次休暇の取得が思うようにいかず時効により消滅することが多くなっています。このため、未消化日数のうち繰越しとなる10日を超える日数（切捨て日数）がある場合には、次のとおりその切捨て日数（上限10日）に応じて、金銭による買上げ又は記念品を支給したいと考えています。これら従業員に支給にする金銭又は記念品は課税しなければならないでしょうか。

① 切捨て日数1日～3日　　1日当たり　5,000円支給
② 切捨て日数4日～6日　　20,000円相当の記念品
③ 切捨て日数7日～10日　　40,000円相当の記念品

また、当社に10年間在職していた外国人社員が8月31日付で退職することとなりましたが、退職の日までの期間は有給休暇を利用することとして7月31日に家族とともに本国に永住するため出国することとなりました。本人への報酬は、年額で定められているものを毎月25日に支給していますが、この報酬に対する課税関係はどのようになりますか。

論点

1　社員の有給休暇の切捨て日数を金銭により買い上げた場合には、金額の多寡にかかわらず給与課税され、記念品を支給した場合も給与課税されます。
2　海外へ移住する社員は、出国する7月31日の翌日から非居住者とされ、8月に支払う報酬はその全額が国内源泉所得として課税の対象になります。

A 1 年次有給休暇制度

有給休暇とは、労働者の心身の疲労を回復させ、労働力の維持、培養を図ることを目的として、休日以外に賃金の減収を伴うことなく自己の希望する日に労働義務が免除される制度です。その結果、具体的役務提供の場所への出勤を免れているにすぎないものです。労働基準法では、使用者は雇用の日から半年継続勤務しその間の全労働日数の8割以上出勤した労働者には、継続し又は分割した10労働日の有給休暇を与えなければならないとされ、さらに1年の継続勤務するごとに、勤続2年半まで1労働日ずつ、勤続3年半以後は2労働日ずつ加算（10労働日が上限）した有給休暇を与えなければならないとされています（労基法39①②）。

なお、有給休暇の買上げについて、「年次有給休暇の買上げの予約をし、これに基づいて（労働基準）法第39条の規定により請求し得る年次有給休暇の日数を減じ、ないし請求された日数を与えないことは、法第39条の違反である」とされますが（旧労働省通達昭30基収4718）、法定の日数を超えて与えられている日数分や退職者の未消化分及び付与後2年を経過して時効により消滅した年休などは、買い上げても差し支えない、違法ではないと解されています（旧労働省通達昭23基発513）。

2 有給休暇の買上げと課税関係

質問の場合、法定外の有給休暇の買上げですから労働基準法に抵触することはないと考えられますが、労働基準法上の問題の有無にかかわらず、使用者が、使用人の有給休暇の未消化分をその日数に応じて、買い上げた場合には、その金額の多寡を問わず給与所得として課税すべきと考えられます。有給休暇制度は、上記1のとおり労働基準法で労働者に保障された権利ですから、例えば、皆勤手当等の不払い、給与の減額、賞与査定における欠勤扱いをする等休暇の取得により不利益な取扱いをしてはならないとされています（労基法附則136）。このように有給休暇はその取得を出勤として取り扱うことにあるといえますので、労働者の有給休暇の取得に代え対価を支払うということは、出勤の

対価の支払と解することができるので給与所得に該当することになります。

　また、記念品を支給する場合も、その趣旨は金銭支給の場合と同様であり、結局は労働者の労働の対価ということになりますので、課税されない経済的利益の理由に挙げられる少額であることや福利厚生的の一環であることなどとは性質を異にしていると考えられます。したがって、有給休暇の買上げにより支給する金銭及び記念品いずれも給与所得として課税の対象となり、使用者は所得税の源泉徴収が必要となります。この場合、記念品の評価は所得税基本通達36-39の「商品、製品等の評価」の取扱いによります。

3　有給休暇期間中の報酬

　本国へ帰国する外国人社員は、入国の場合の考え方と同様に、その出国の日の翌日、すなわち8月1日から非居住者として取り扱われます（所基通2-4）。非居住者は国内源泉所得のみが課税の対象とされますが、給与所得者に関しては、「国内において行う勤務その他の人的役務提供に基因するもの」とされていますので（所法161ハイ）、8月25日に支払う報酬が国内勤務又は国外勤務のいずれに基づくものかの判定が必要となります。外国人社員との雇用契約は8月31日まで継続しており、8月25日に支払う報酬はこの雇用契約に基づき支払われるものですから、ほぼ報酬の全額が有給休暇期間中に対応するものとなります。しかし、その期間中勤務をしていないとしても、上記1の有給休暇の趣旨から「勤務その他の人的役務提供に基因するもの」に該当するというべきです。つまり有給休暇期間についても給与の支給対象とされること自体が役務提供に基因する対価に当たると解されます。

　また、有給休暇期間中の滞在地が海外であるとしても、8月支給の報酬の所得源泉地は、本来の役務を提供する場所により判定するのが合理的と考えられます。すなわち、有給休暇期間中の滞在地が国外であろうとも、本来の役務提供地が国内の貴社である限り、有給休暇期間中の報酬もその本来の役務提供地における対価とすべきと考えられるからです。したがって、8月25日に支払う報酬の全額が国内源泉所得として課税されることになり、源泉徴収が必要と

なります（所法212①、213①一）。

> **Point**
> 使用者の都合により使用人を解雇するに際し未消化の有給休暇を買い上げるような場合には、一種の解雇予告手当として退職所得とされることがあります。

18 給与等

ストック・オプション

Q 子会社の取締役でもある当社の取締役甲は、両社から付与されていたストック・オプションの権利を1,000万円行使しました。権利行使価額が年間1,200万円を超えると課税対象となるそうですが、甲は今後500万円行使する予定ですが、年間1,500万円行使した場合には、1,200万円を超える300万円について課税されるという理解でよいでしょうか。

論点

新たに行う権利行使による権利行使価額と既にした権利行使による権利行使価額との合計額が1,200万円を超えることとなる場合には、その1,200万円を超えることとなる権利行使による株式の取得に係る経済的利益について所得税が課されることになります。

A

1 ストック・オプション税制の概要

新株予約権等の権利を付与された者は、その権利を行使した時と株式を譲渡した時に利益を得ることになります。この利益に対しては、権利行使時における経済的利益（権利行使により取得した株式のその行使の日における価額と権利行使価額との差額）は、原則として給与として課税されることになります（所令84、所基通23〜35共-6）。また、株式の譲渡による所得は申告分離課税による課税が行われます（措法37の10）。しかし、新株予約権等のうち一定の要件を満たす付与契約等については、その権利の行使をした時には課税を行わずに、株式を売却した時に行使時の経済的利益を含めて、売却価額と権利行使価額との差額について譲渡所得課税が行われることとなります。この一定の要件を満たす株式を取得する権利は税制適格ストック・

オプションと呼ばれています。対象となる権利は次のとおりです（措法29の2①）。

(1) 会社法第238条第2項又は会社法の施行に伴う関係法律の整備等に関する法律（平成17年法律第87号）第64条の規定による改正前の商法（以下「平成17年旧商法」といいます。）第280条ノ21第1項の決議に基づき発行された新株予約権

(2) 商法等の一部を改正する法律（平成13年法律第128号）第1条の規定による改正前の商法（以下「旧商法」といいます。）第280条ノ19第2項の決議に基づき与えられた新株の引受権

(3) 商法等の一部を改正する等の法律（平成13年法律第79号）第1条の規定による改正前の商法（以下「平成13年旧商法」といいます。）第210条ノ21第2項の決議に基づき与えられた権利

この場合における付与される権利は、その権利の譲渡についての制限その他特別の条件が付されているものに限られています。

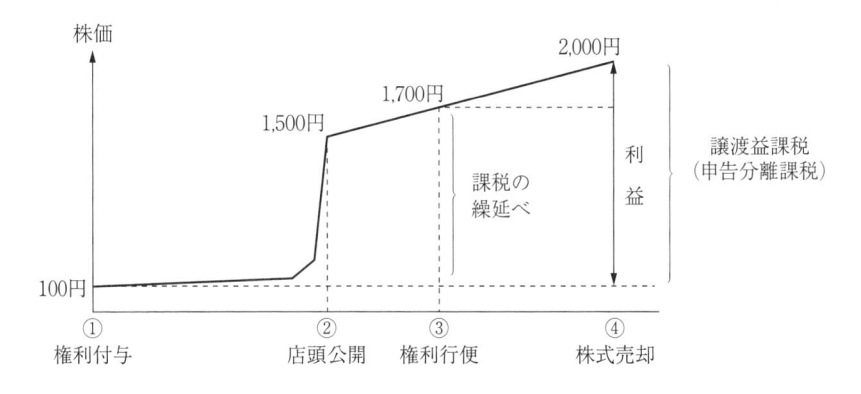

2 税制適格ストック・オプションの要件

税制適格ストック・オプションの要件は次のとおりです。

(1) 適格対象者要件

権利行使時の経済的利益について非課税（課税の繰延べ）とするストック・オプションは株式会社又はその株式会社がその発行済株式（議決権のあ

るものに限ります。）若しくは出資の総数若しくは総額の100分の50を超える数若しくは金額の株式（議決権のあるものに限ります。）若しくは出資を直接若しくは間接に保有する関係にある法人の取締役、執行役又は使用人のうち、大口株主等以外の者（以下「取締役等」といいます。）がその付与の対象となります。

大口株主等とは、次の者をいいます（措令19の3③④）。

イ　付与決議のあった日において次に定める数の株式を有していた者（大口株主）
① 　その株式会社の株式が証券取引所に上場され、又は店頭売買登録銘柄として登録されているものである場合……その株式会社の発行済株式の総数の10分の1を超える数
② 　その株式会社の株式が上記①以外のものである場合……その株式会社の発行済株式の総数の3分の1を超える数

ロ　付与決議のあった日において上記イの大口株主に該当するものの配偶者など大口株主と次に掲げる特別の関係があった者（大口株主の特別関係者）
① 　大口株主に該当する者の親族
② 　大口株主に該当する者と婚姻の届け出をしていないが、事実上婚姻関係と同様の事情にある者及びその者の直系血族
③ 　大口株主に該当する者の直系血族と婚姻の届け出をしていないが、事実上婚姻関係と同様の事情にある者
④ 　上記①から③までに掲げる者以外の者で、大口株主に該当する者から金銭その他の財産によって生計を維持している者及びその直系血族
⑤ 　上記①から④までに掲げる者以外の者で、大口株主に該当する者の直系血族から受ける金銭その他の財産によって生計を維持しているもの

なお、取締役等が新株予約権等を行使することができる期間内に死亡した場合に、付与決議でこの権利を行使できる当該取締役等の相続人も特例適用

の対象とされます(措令19の3⑤)。

(注) ストック・オプションは外部コンサルタントや取引先等にも付与できますが、これらの者は税制適格の対象外とされています。

(2) 付与契約要件

次に掲げる要件等を定める付与契約により権利が付与されるものであることが必要とされています(措法29の2①)。

- イ 権利行使は、株主総会の付与決議の日後2年経過した日から10年を経過する日までの間に行わなければならないこと
- ロ 権利行使価額の年間の合計額が1,200万円を超えないこと
- ハ 1株当たりの権利行使価額は、権利付与契約の締結時におけるその株式の1株当たりの価額に相当する金額以上とされていること
- ニ 新株予約権については、譲渡してはならないこととされていること
- ホ 権利行使に係る株式の交付等が、その交付等のために付与決議された会社法第238条第1項若しくは平成17年旧商法第280条ノ21第1項若しくは旧商法第280条ノ19第2項又は平成13年旧商法第210条ノ2第2項第3号に定める事項に反しないで行われること
- ヘ 権利行使により取得する株式は、一定の方法によって金融商品取引業者等の振替口座簿への記載若しくは記録を受け、又はその金融商品取引業者等の営業所等に保管の委託若しくは管理等信託がされること

3 年間権利行使価額1,200万円以下の要件

付与契約の要件の一つである権利行使価額の年間の合計額が1,200万円を超える場合の課税関係を事例で示すと次のようになります。

なお、当社及び子会社の付与決議はX年6月及びX年12月で、権利行使価額の総額は当社が1,500万円、子会社が1,000万円とします。

第Ⅱ編　源泉徴収制度 Q&A

区分	No.	行使年月	取得株式	行使価額	課非判定
事例1	①	X＋3年1月	当社株式	600万円	非課税
	②	X＋3年5月	子会社株式	600万円	非課税
	③	X＋3年8月	当社株式	300万円	課税
事例2	④	X＋3年3月	子会社株式	500万円	非課税
	⑤	X＋3年6月	当社株式	500万円	非課税
	⑥	X＋3年7月	子会社株式	500万円	課税
事例3	⑦	X＋3年2月	当社株式	500万円	非課税
	⑧	X＋3年10月	子会社株式	1,000万円	課税
	⑨	X＋3年12月	当社株式	1,000万円	課税

18 ストック・オプション

　事例1の③、事例2の⑥及び事例3の⑧の行使により、既にした行使価額との合計額がいずれも1,200万円を超えることとなりますので、これらの行使による経済的利益は課税となります。また、⑨は1,200万円を超えて更に行使することによるものですのでこれも課税となります。

　質問の場合は、1,000万円行使後に500万円を行使することにより、1,200万円を超えることとなりますので、その行使価額500万円は課税の対象となります。

Point

　具体的に課税される経済的利益の額は、例えば、1株当たりの権利行使価額が100円、権利行使時の株式価額が1,700円、行使株式数50,000株としますと、1株当たりの権利行使価額（100円）と権利行使時の株式価額（1,700円）との差額（1,600円）に行使株式数（50,000株）を乗じて計算した金額の8,000万円が課税されることになります。

19 退職手当等

退職所得の意義と範囲

Q 引き続き勤務する者に対して支給される一時金や使用者以外の者から支給される一時金も退職所得になるそうですが、退職所得とはどういうものをいうのでしょうか。

論点
退職に基因して一時に支払を受ける給与が退職所得とされますが、このほか退職に準ずるような一定の事実に該当する場合に支給されるものや社会保険制度等から支給される一時金などについても退職所得とされます。

A

1 退職所得の意義

 所得税法は、「退職所得とは、退職手当、一時恩給その他の退職により一時に受ける給与及びこれらの性質を有する給与(以下この条において「退職手当等」という。)に係る所得をいう」と規定しています(所法30①)。そして、退職手当等とは、本来退職しなかったとしたならば支払われなかったもので、退職したことに基因して一時に支払われることとなった給与をいうとされていますので、退職に際し又は退職後に使用者等から支払われる給与で、支払金額の計算基準等からみて、他の引き続き勤務している人に支払われる賞与等と同性質であるものは、退職所得ではなく給与所得とされます(所基通30-1)。つまり、使用者から支給される給与のうち退職に基因して一時に支給されるものが退職所得ということになりますが、所得税法の規定は、退職手当と一時恩給を例示するとともに「その他退職により一時に受ける給与」を退職所得に該当するものとして挙げています。この点、給与所得については、俸給、給料、賃金、歳費及び賞与と具体的名称を例示するのみでいわば

帰納的にその意義、性質を解釈する規定振りとなっているのに対し、退職所得についてはその概念の判断基準となるべき概括的、包括的な定義が行われています。

退職所得の意義について最高裁判所は、「ある金員が、右規定にいう「退職手当、一時恩給その他の退職により一時に受ける給与」にあたるというためには、それが、(1)退職すなわち勤務関係の終了という事実によってはじめて給付されること、(2)従来の継続的な勤務に対する報償ないしその間の労務の対価の一部の後払の性質を有すること、(3)一時金として支払われること、との要件を備えることが必要であ(る)」との判断を示し、さらに「『これらの性質を有する給与』にあたるというためには、それが、形式的には右の各要件のすべてを備えていなくても、実質的にみてこれらの要件の要求するところに適合し、課税上、右「退職により一時に受ける給与」と同一に取り扱うことを相当とするものであることを必要とすると解すべきである」（最判 昭58.9.9）と、また、「当該金員が定年延長又は退職年金制度の採用等の合理的な理由による退職金支給制度の実質的改変により精算の必要があって支給されるものであるとか、或いは、当該勤務関係の性質、内容、労働条件等において重大な変動があって、形式的には継続している勤務関係が実質的には単なる従前の勤務関係の延長とはみられないなどの特別の事実関係があることを要するものと解すべきである」（最判 昭58.12.6）と、退職していない場合でも実質的に退職と同様の事情にあると認められるときは退職所得に該当する旨を判示しています。

本来退職しなかったとしたならば支払われなかったものを退職所得というのが原則ですが、これ以外にも上記のように退職の事実がない場合に支払われるものや退職所得とみなされるものなどが次の2以下のようにあります。

2　退職所得とみなされる一時金

社会保険や共済制度に基づく一時金及び確定給付企業年金の規約に基づく退職一時金など次に掲げる一時金は、過去に勤務した者から支給されるものではありませんが、過去の勤務に基づいて支給されるものである点で本来の退職所

得と異なるところがないため、退職所得とみなされています（所法31、所令72）。
(1) 国民年金法、厚生年金保険法（次の(2)の③を除きます。）国家公務員共済組合法、地方公務員等共済組合法、私立学校教職員共済法及び独立行政法人農業者年金基金法の規定に基づいて支給される一時金（所法31①一）
(2) 次に掲げる一時金（これに類する給付を含みます。）
　① 改正前の船員保険法の規定に基づく一時金（所令72①一）
　② 廃止前の農林漁業団体職員共済組合法の規定に基づく一時金（所令72①二）
　③ 厚生年金保険法又は石炭鉱業年金基金法の規定に基づく一時金で加入員又は坑内員若しくは坑外員の退職に基因して支払われるもの（所法31①二）
　④ 確定給付企業年金法の規定に基づいて支給を受ける一時金で加入者の退職により支払われるもの（その掛金のうちに加入員の負担した金額がある場合には、その一時金の額からその負担した金額を控除した金額に相当する部分に限ります。）（所法31①三）
　⑤ 特定退職金共済団体が行う退職金共済制度に基づいてその被共済者の退職により支給される一時金（所令72②一）
　⑥ 独立行政法人勤労者退職金共済機構が中小企業退職金共済法の規定により支給する退職金（所令72②二）
　⑦ 独立行政法人中小企業基盤整備機構が小規模企業共済契約に基づいて支給する一定の共済金又は解約手当金（所令72②三）
　⑧ 適格退職年金契約に基づき支給される退職一時金（その契約に基づいて払い込まれた掛金又は保険料のうちに支給を受ける人の負担した金額がある場合には、その一時金の金額からその負担した金額を控除した金額に相当する部分に限ります。）（所令72②四）
　⑨ 確定拠出年金法に規定する企業型年金規約又は個人型年金規約に基づいて老齢給付金として支給される一時金（所令72②五）

⑩ 独立行政法人福祉医療機構が社会福祉施設職員等退職手当共済法の規定により支給する退職手当金（所令72②六）
⑪ 外国の法令に基づく保険又は共済に関する制度で上記(1)と(2)の①に掲げる法律の規定による社会保険又は共済に関する制度に類するものに基づき支給される一時金で、その制度の被保険者又は被共済者の退職により支払われるもの（所令72②七）

3　引き続き勤務する人に支払われる給与で退職手当とされるもの

　引き続き勤務する人に退職手当等として一時に支払われる給与のうち、一定の事実に該当する場合に支払われるものでその後に支払われる退職手当の計算上、今回の退職手当の基礎となった勤続期間を一切加味しない条件の下に支払われるものは、退職所得とされますが（所基通30-2）、これについては次の第20問及び第21問において説明します。

4　使用人から執行役員への就任に伴い退職手当等として支給される一時金

　使用人からいわゆる執行役員に就任した人に対して、その就任前の勤続期間に係る退職手当等として一時に支払われるもので、その後に支払われる退職手当等の計算上、今回の退職手当の計算の基礎となった勤続期間を一切加味しない条件の下に支払われるもの（一定の要件を満たす執行役員制度下で支払われるものに限ります。）も退職所得に該当することとされていますが（所基通30-2の2）、これについても第22問において説明します。

5　受給者が掛金を拠出することにより退職に際して使用者から支払われる一時金

　使用人が在職中に使用者に対して所定の掛金を拠出することにより退職に際してその使用者から支払われる一時金は、退職所得とされます（所基通30-3）。

6 過去の勤務に基づき使用者であった者から支給される年金に代えて支払われる一時金

　過去の勤務に基づき使用者であった者から支給される年金の受給資格者に対し、その年金に代えて支払われる一時金については、その一時金のうち、退職の日以後その年金の受給開始日までの間に支払われるものは、退職所得とされます。また、その年金の受給開始日後に支払われるものは公的年金等に係る雑所得とされますが、年金の受給開始日後に支払われる一時金であっても、将来の年金給付の総額に代えて支払われるものは、退職所得とされます（所基通30-4）。

7 解雇予告手当

　使用者が労働基準法第20条（（解雇の予告））の規定による予告をしないで使用人を解雇する場合に、その使用者から支払われる予告手当は、退職手当とされます（所基通30-5）。

8 厚生年金基金等から支払われる一時金

　厚生年金基金や企業年金連合会から支払われる退職一時金、確定給付企業年金規約若しくは適格退職年金契約に基づいて支払われる退職一時金又は確定拠出年金法の規定に基づいて老齢給付金として支払われる一時金のうち、次に掲げる一時金は退職所得とされます（所基通31-1）。

(1)　厚生年金基金規約、確定給付企業年金規約又は適格退職年金契約に基づいて支給される年金の受給資格者に対し年金に代えて支払われる一時金のうち、退職の日以後その年金の受給開始日までの間に支払われるもの及び年金の受給開始日後に支払われる一時金で、将来の年金給付の総額に代えて支払われるもの

(2)　確定拠出年金法に規定する企業型年金規約又は個人型年金規約に基づく年金の受給開始日後に支払われる一時金のうち、将来の年金給付の総額に代えて支払われるもの

(3) 厚生年金基金（企業年金連合会を含みます。）若しくは適格退職年金契約の加入員又は確定給付企業年金規約の加入者に対し所得税基本通達30-2の(2)及び(4)から(6)まで並びに同通達30-2の2に掲げる退職に準じた事実等が生じたことに伴い、加入員（厚生年金基金の場合の加算適用加入員を含みます。）又は加入者としての資格を喪失したことを給付事由として支払われる一時金（その事実等が生じたことを給付事由として、使用者から所得税基本通達30-2の(2)及び(4)から(6)まで並びに同通達30-2の2に掲げる退職手当が支払われる場合に限ります。）

　この場合において加入員又は加入者に支払われる退職手当が厚生年金基金規約若しくは適格退職年金契約又は確定給付企業年金規約に基づいて支払われるもののみである場合には、上記かっこ書きは適用されません。

9　未払賃金立替払制度に基づき国が弁済する未払賃金

　事業主の倒産等により賃金の支払を受けないまま退職を余儀なくされた労働者に対し、国がその使用者に代わって未払賃金の一定範囲について弁済するといういわゆる未払賃金立替払制度に基づいて、労働者が国から弁済を受けた給与は、その労働者が退職した日の属する年分の退職所得とされます（措法29の6）。

> **Point**
>
> 　退職所得については、退職所得控除額や2分の1課税など給与所得や一時所得などに比べ軽課優遇されていますので、これら他の所得との区分を明確にして適正な納税を行う必要があります。

20 退職手当等

打切り支給の退職金〜役員の分掌変更の場合

Q 当社では、取締役を退任し監査役に就任する予定の役員がいますが、取締役退任に当たりこれまでの功績を考慮して退職慰労金を支給したいと考えています。この退職慰労金の支給に関して、税務上不利にならないようにするため取締役退任後は非常勤監査役にならなければならないのでしょうか。

論点
分掌変更が実質的に退職したと同様の事情にあることが必要ですから、形式的に職務内容や地位が激変したようにみえても、代表権を有していたり、実質的にその法人の経営上主要な地位を占めていたりすれば、常勤、非常勤を問わず打切り支給の退職金とは認められません。

A

1 引き続き勤務する者に対する退職手当

所得税法では、「退職所得とは、退職手当、一時恩給その他の退職により一時に受ける給与及びこれらの性質を有する給与（退職手当等）に係る所得をいう」と規定されており（所法30①）、原則として、退職所得は退職という事実を前提として支払われる給与をいいます。しかしながら、引き続き勤務する役員又は使用人に対し退職手当等として一時に支払われる給与のうち、その支払について一定の理由があると認められるものでその給与が支払われた後に支払われる退職手当等の計算上その給与の計算の基礎となった勤続期間を一切加味しない条件の下に支払われるものは、所得税法に規定する「これらの性質を有する給与」とみることもできますので、上記にかかわらず退職手当等とするとされています（所基通30-2、30-2の2）。これが打切り支給の退職金といわれるものです。

2 役員の分掌変更の場合の打切り支給の退職金

　引き続き勤務する者に退職手当等として支払われる給与で、退職所得とされるものとして次のものがあります。すなわち、「役員の分掌変更等により、例えば、常勤役員が非常勤役員（常時勤務していない者であっても代表権を有する者及び代表権は有しないが実質的にその法人の経営上主要な地位を占めていると認められるものを除く。）になったこと、分掌変更等の後における報酬が激減（おおむね50％以上減少）したことなどで、その職務の内容又はその地位が激変した者に対し、当該分掌変更等の前における役員であった勤続期間に係る退職手当等として支払われる給与」がその一つです（所基通30-1(3)）。これは、分掌変更の前後でその職務内容や地位が激変するような場合には、退職と同様の事情にあるとみることができるとして例示されているものです。

3 役員の分掌変更と退職所得

　この役員の分掌変更に伴い支給された一時金を巡って、それが給与（役員賞与）か退職所得かが争われた次のような事件があります。

(1) 代表取締役から平取締役へ分掌変更となった役員に、その変更に際し支払われた4,000万円の退職慰労金について裁判所は、当該役員の報酬月額が95万円から45万円へと減額されたとはいえ、後任の代表取締役である妻と同額を得ていたことや引き続き法人の売上の相当程度を占める主要な活動について重要な地位を占めていたこと等から、役員としての地位又は職務の内容が激変し実質的に退職したと同様の事情があると認めることはできないことから、退職給与とは認められないと判示しています（京都地判 平18.2.10）。

(2) 学校法人が設置する高校及び中学校の校長であった同法人の理事長が、理事長職に留まった上でこれら校長の職を退き、同法人設置の大学の学長に就任するに際し、同法人から高校の校長の退職金として支払われた4,800万円余について、裁判所は、学長就任後の職務の量は、校長在職時に比べ相当軽減されただけでなく、勤務形態自体が異なりその内容、性質

においても、具体的な職務内容や自らのかかわり方については相当程度異なるところがあること、学長としての給与は校長としてのそれに比べて約30％減少して、給与面にも職務の量、内容、性質の変動が一応反映されていることから、校長からの退職、学長への就任という勤務関係の異動は、社会通念に照らし、単に同一法人内における担当業務の変更といった程度にとどまらず、その勤務関係は、性質、内容、処遇等に重大な変更があったなどとして打切り支給の退職金として認めています（大阪地判 平20.2.29）。

(3) 代表取締役退任後監査役に就任した筆頭株主である役員に対して支払われた退職給与4,500万円について、裁判所は、監査役に就任したことをもって経営上重要な地位又は権限が残っていることの表れとは認められないこと、また筆頭株主として何らかの影響を与え得るとしても株主として議決権の行使を通じてのもので役員の立場に基づくものでないこと、監査役就任後は会社業務を行わなくなったことなどから、分掌変更により役員としての地位又は職務の内容が激変し実質的に退職したと同様の事情にあると認められるから、退職所得にあたると判示しています（東京地判 平20.6.27）。

(4) 取締役から監査役に就任した役員に対して支給された一時金1,800万円について、裁判所は、取締役を退任し監査役に就任することは株式会社との委任内容等が異なるので、原則として地位又は職務の内容が激変したということができること、その上で、監査役としての任務のほか会社の業務にほとんど関与しなくなったこと、別会社の代表取締役として当該会社の業務に連日従事していたことなどから職務内容が激変したというべきで実質的に退職したと同様の事情にあると認められるとし、さらに、取締役の退任と監査役の就任の前後において報酬額に変化がなかったとしても、それぞれの報酬額は月20万円で、その金額からして監査役の報酬をさらに低額にすることは困難であり、非常勤取締役としての貢献と非常勤監査役としての貢献とが同額の報酬をもって評価されることはあり得るので、報

酬額に変化がないことをもって、直ちに、地位又は職務の内容は激変していないということはできないとして、一時金を退職所得として認めています（長崎地判 平21.3.10）。

以上に掲げた判決は、所得税基本通達30-1の(3)及びこれと同旨の法人税基本通達9-2-23（平19改正前。現行9-2-32）に例示された形式要件との関係が争点とされていますが、(2)を含め裁判所は、通達の形式的な要件を満たすかどうかにかかわらず、実質的に退職したと認められる事情があるか否かを細部にわたり検討して判断を下しています。

4　質問のケースの場合

質問の場合、就任する監査役が非常勤であれば職務内容や地位が激変し、常勤であれば激変しないということではなく、取締役から監査役に分掌変更したことが実質的に退職と同様の事情にあると認められるかどうかが重要であり、非常勤役員になれば退職所得に該当するということではありません。退職と同様と認められる事情があれば、その結果、必然的に多くの場合、例示されているような形式的な事実が伴うものであって、形式的事実があれば当然退職所得に該当するわけではありません。したがって、退職所得と認められない場合には給与所得（賞与）として課税され、法人税法上も損金算入が認められなくなります。

> **Point**
>
> 同族会社においては、打切り支給の退職金としての形式要件を具備させることで退職所得の軽課優遇措置を利用しようとする例が見受けられますが、その給与が退職所得というためには、退職（勤務関係の終了）と実質的に同様の事情があるかどうかが決定的要因となります。

20　打切り支給の退職金～役員の分掌変更の場合

21 退職手当等

打切り支給の退職金～役員の分掌変更以外の場合

Q 役員の分掌変更以外にも打切り支給の退職金として認められる場合があるそうですが、どのようなケースがあるのでしょうか。

論点

退職給与規程の制定や役員昇格、定年延長など実質的に退職したと同様の事情があると認められる場合には、引き続き勤務している者に支給する一時の給与が退職所得とされます。

A

1 役員の分掌変更以外の打切り支給の退職金

事実上退職することなく、引き続き勤務する役員又は使用人に退職手当等として一時に支払われる給与のうち、一定の要件に該当するものでその給与が支払われた後に支払われる退職手当等の計算上その給与の計算の基礎となった勤続期間を一切加味しない条件の下に支払われるものは、退職手当等として取り扱われます。これがいわゆる打切り支給の退職金といわれるものですが、この取扱いの対象となるものとして前記第20問に該当するもの以外では次のものが掲げられています（所基通30-2）。

(1) 新たに退職給与規程を制定し、又は中小企業退職金共済制度若しくは確定拠出年金制度への移行等相当の理由により従来の退職給与規程を改正した場合において、使用人に対しその制定又は改正前の勤続期間に係る給与として支払われる給与

   (注) この給与は合理的な理由による退職金制度の実質的改変により精算の必要から支払われるものに限られます。

(2) 使用人から役員になった者に対しその使用人であった勤続期間に係る退

職手当等として支払われる給与(退職給与規程の制定又は改正をして、使用人から役員になった者に対しその使用人であった期間に係る退職手当等を支払うこととした場合において、その制定又は改正のときにすでに役員になっている者の全員に対しその退職手当等として支払われる給与で、その者が役員になったときまでの期間の退職手当等として相当なものを含みます。)

(3) いわゆる定年に達した後引き続き勤務する使用人に対し、その定年に達する前の勤続期間に係る退職手当等として支払われる給与

(4) 労働協約等を改正していわゆる定年を延長した場合において、その延長前の定年(「旧定年」といいます。)に達した使用人に対し旧定年に達する前の勤続期間に係る退職手当等として支払われる給与で、その支払をすることにつき相当の理由があると認められるもの

(5) 法人が解散した場合において引き続き役員又は使用人として清算事務に従事する者に対し、その解散前の勤続期間に係る退職手当等として支払われる給与

2 打切り支給の具体事例

1の取扱いを踏まえて、次のようなケースに支給される一時金は、それぞれ次により取り扱われることになります。

(1) 合併に伴い、被合併会社の従業員が引き続き合併会社の従業員として勤務する場合において、その従業員が適用を受ける退職給与規程は被合併会社のものから合併会社のものに改正されることになりますが、その改正に際して被合併会社における勤続期間に係る退職手当等として支払われる一時金……退職所得とされます(所基通30-2(1))。

(2) 5年前に退職給与規程を改正して、使用人から役員に昇格した者に対して昇格時に使用人期間に対応する退職金として一時金を支給することとしましたが、その規程改正前にすでに役員に昇格していたAについては使用人期間の退職金を支払っていなかったので、今年支払ったその退職金

……退職給与規程の改正のときにすでに役員になっている全員に対して支払われるものであれば退職所得とされますが（所基通30-2⑵）、退職給与規程改正後の任意の時期に特定の役員のみを対象として支給されるものは退職手当等の性質を有しているとはいえませんから退職所得ではなく給与所得（賞与）となります。

⑶　部長に5年以上又は参事に7年以上在職している社員のうち役員に昇格できない者を、定年まで理事に就任させて処遇することとし、理事就任前の期間に係る分として支払った退職金……理事は役員ではなく部長又は参事と同様に使用人としての地位等に変更がないため、役員昇格による打切り支給に該当しませんし、次の⑷の定年到達時の打切り支給にも該当しませんので、退職金は給与所得とされます。

⑷　部長職で58歳の定年に達した者のうち一定の要件を満たすものを、準役員待遇の理事として3年間再雇用することとした場合に定年到達時に支給する退職金……部長職と準役員待遇の理事とで処遇面で差がないような場合に、果たして退職に準ずる事情にあるといえるかとの疑問も生じますが、定年制の下では定年到達時に使用者との間ではいったん雇用契約が終了していますので引き続き再雇用されるとしてもその際支給される一時金は退職所得として取り扱われます（所基通30-2⑷）。

⑸　労働協約を改正して定年を58歳から60歳に延長し、延長後の期間については退職金の支給対象としないこととして旧定年である58歳到達時に退職金として支給した給与……単に定年を延長しただけですので旧定年到達時に退職に準じた事実があるのかという疑問がありますが、退職金の支給時期は旧定年時であり恣意的に定められたものではないことや、前記⑶の定年後引き続き勤務する者と同様の事情と認められそのバランスからも退職所得として取り扱われます（所基通30-2⑸）。

　以上、いずれの場合も打切り支給の退職金として退職所得課税が受けられるためには、退職手当等として打切り支給された給与の支給後に支払われる退職手当等の計算上その給与の計算の基礎となった勤続期間を一切加味しない条件

の下に支払われるものでなければなりません。

なお、打切り支給の退職金とされる「これらの性質を有する給与」に該当するためには、取扱通達では、打切り支給であることが明示されていることが前提とされていますが、これに関して次の裁判例があります。

すなわち、使用人から役員である執行役に就任した者に支払われた一時の給与がその支払時に打切り支給である旨の明示がされていなかったことなどから、打切り支給の退職金に該当しないとされたのに対し、裁判所は、「所得税法30条1項も、そのような要件（打切り支給明記要件）は要求していない。所得税基本通達30−2が打切り支給を要件としているのは、……勤務関係が継続している間に支給される給与については、……「退職」という客観的な指標がないため、……画一的で客観的な基準を設けたにとどまり、それ以上に打切り支給明記要件を欠く場合に、そのことだけを理由として退職手当該当性を否定する趣旨ではないと解される」として、退職所得に該当すると判示しています（大阪高判 平20.9.10）。

Point

打切り支給の退職金に該当するかどうかは、退職（勤務関係の終了）と実質的に同様の事情があるかないかが重要なメルクマールとなります。単に通達に例示されている形式要件を満たすだけでは十分とはいえません。

22 退職手当等

執行役員就任時の一時金の支給

Q 当社は、執行役員制度を導入することにしましたが、この執行役員に就任する社員に対して、執行役員就任前の一般の社員としての勤続期間分について退職金を打切り支給した場合、この退職金は退職所得として取り扱って差し支えないでしょうか。

なお、執行役員退任後は、本人の適性や業務の必要性等を考慮して再雇用する道も残しています。

論点

執行役員の就任が使用者との委任契約等に基づくもので、執行役員退任後使用人としての再雇用が保障されていなければ、執行役員が役員に準じた待遇、責任である場合には、退職所得として取り扱われます。

A

1 執行役員制度

会社法では取締役、会計参与及び監査役を役員といい（会社法329）、これに執行役と会計監査人を含めて役員等といいますが（同法423①）、この執行役は会社との関係は委任関係とされています（同法402③）。

一方、執行役員は役員という名称は付されているものの会社法等の法律に規定されたものではありません。また、税務上もみなし役員に該当しない限り役員とはされません（法法2十五）。執行役員制度は、取締役又は取締役会の担う①業務執行の意思決定、②取締役の職務執行の監督及び③業務執行のうち、③の業務執行を執行役員に担当させるというものです。導入の趣旨は取締役会を活性化して経営の効率化を高めることや企業経営の監督機能の強化を図るこ

とであって取締役会の改革の一環とされています。執行役員制度は平成9年に上場企業で導入されたのが最初とされますが、法令上の設置根拠があるわけではありませんので会社はこの制度を任意に設計することが可能とされています。

したがって、会社によっては、執行役員との契約を雇用契約とすることも委任契約とすることも可能ですし、執行役員の位置付けも区々となっているようです。しかし、一般的には、役員に準じたものとされているものや使用人の最上級職とされるものなど役員と使用人との中間的な立場となっている場合が多いと聞きます。

2 執行役員就任時の一時金支給

退職手当等とは、本来退職しなかったとしたならば支払われなかったもので、退職したことに基因して一時に支払われることとなった給与をいいますが（所基通30-1）、引き続き勤務する人に退職手当等として一時に支払われる給与のうち、一定の事実に該当する場合に支払われるものでその後に支払われる退職手当の計算上、今回の退職手当の基礎となった勤続期間を一切加味しない条件の下に支払われるものも、退職所得として取り扱われます（所基通30-2）。そこで、使用人からいわゆる執行役員に就任した者にその就任前の勤続期間に係る退職手当等として一時に支払われる給与が、退職所得に該当するかどうかですが、これについては、その給与が次のような執行役員制度の下で支払われるものでその給与が支払われた後に支払われる退職手当等の計算上その給与の計算の基礎となった勤続期間を一切加味しない条件の下で支払われるものは、退職手当等に該当するものとして取り扱うこととされています（所基通30-2の2）。

(1) 執行役員との契約は、委任契約又はこれに類するもの（雇用契約又はこれに類するものは含まない。）であり、かつ、執行役員退任後の使用人としての再雇用が保障されているものではないこと。

(2) 執行役員に対する報酬、福利厚生，服務規律等は役員に準じたものであり、執行役員は、その任務に反する行為又は執行役員に関する規程に反す

る行為により使用者に生じた損害について賠償する責任を負うこと。

つまり、これら2つの要件を満たす執行役員制度の下で支払われる給与は、最高裁判所が判示した「勤務関係に重大な変動があり、従前の勤務関係の延長とはみられない特別の事実関係がある」（最判 昭58.12.6）ことに該当するものとして、退職所得に該当することとされています【第19問参照】。

具体的には、通達に定める要件を満たす場合には、次のような理由から特別の事実関係があると認められると示しています（国税庁法人課税課情報2号 平19.12.5）。

(1) 雇用関係を終了させ、新たに委任契約が締結される場合には、法律関係が明確に異なること
(2) 執行役員の任期は通常1年ないし2年とされており、使用人としての再雇用が保障されていない場合には、任期満了時には執行役員等として再任されない限り、会社を去らざるを得ないこと
(3) 法律関係を委任契約とし、報酬、福利厚生、服務規律等を役員に準じたものとする場合には、使用人に対する就業規則等は適用されず、労働基準法等の適用も制限されること
(4) 損害賠償責任について、使用人は、労働法上、故意又は重過失の場合に限られているのに対し、取締役は、過失責任とされており、執行役員についても役員と同様のレベルまでは求められないとしても、役員に準ずる責任を有している場合には、地位の変動等が認められること。

3　質問のケースの場合

質問のケースでは、執行役員を退任するときに改めてその後の再雇用を検討することとされているようですので、あらかじめ再雇用が保障されているとはいえないと思われますので、上記2の要件を満たせば退職所得に該当するものと考えられます。

Point

　執行役員に就任する使用人は、職制上使用人としての地位をのみを有する者に限られますが、執行役員が使用人としての職制上の地位を有する場合であっても、通達所定の要件を満たす執行役員制度下の執行役員であれば、執行役員就任前の期間の退職金として支給される一時金は、退職所得とされます。

　また、執行役員から取締役へ就任する場合又はその逆の場合に支給される一時金は、執行役員制度が通達に定める要件を満たす限り、原則として退職所得として取り扱われます。

22　執行役員就任時の一時金の支給

23 退職手当等

勤続年数の計算

Q 退職所得の税額計算に当たり、退職所得控除額の計算の基礎となる勤続年数の計算で注意すべき点がありますか。特に他社に勤務したことがある場合や同一年中に2か所以上の勤務先を退職する場合はどうなりますか。

論点 勤続年数の計算は、退職手当等の支払者の下における勤続期間を基にして行うのが原則ですが、その支払者の下に一時勤務しなかった期間がある場合や同じ年に2か所以上から退職手当等の支払を受ける場合などについては特殊な計算を行います。

A

1 通常の場合の勤続年数の計算

退職所得については、退職手当等の収入金額から退職所得控除額を控除した残額の2分の1に相当する金額を課税標準として所得税が課されることになっています（所法22①、30②）。この退職所得控除額は、①勤続年数が20年以下である場合には、40万円にその勤続年数を乗じて計算した金額、②勤続年数が20年を超える場合には、800万円と70万円にその勤続年数から20年を控除した年数を乗じて計算した金額との合計額とされています（所法30③）。

この退職所得控除額の計算の基となる勤続年数は、原則として退職手当等の支払を受ける者が、退職手当等の支払者の下においてその退職手当等の支払の基因となった退職の日まで引き続き勤務した期間（以下「勤続期間」といいます。）により計算することとされています（所令69①一柱書）。これにより計算した勤続期間に1年未満の端数があるときはこれを1年に切り上げて退職所

得控除額の計算の基礎となる勤続年数を計算します（所令69②）。したがって、例えば昭和49年4月1日に入社して平成23年6月30日に退職する人の勤続期間は37年3か月となりますが、1年未満の端数は1年に切り上げますので勤続年数は38年となります。

このほか、勤続期間の計算に当たって注意すべき点として次のような場合があります。

(1) 長期欠勤等がある場合

その支払者に就職した日から退職する日までの間に長期欠勤や休職の期間があっても、他に勤務するための休職を除いて勤続期間に含めて計算します（所基通30-7）。この場合、例えば、社内規程で病気休職が1年以上となる場合には退職手当等の計算に際してその期間を勤続期間に含めないこととされていても、勤続年数の計算の基礎となる期間に含めて計算します。ただし、休職期間でも関係会社へ出向していた期間や労働組合で事務専従をしていた期間は、他に勤務するための休職となりますから勤続年数には含まれません。

(2) 日額表丙欄適用者の場合

その支払者の下で、ある時期、いわゆる日雇労務者として雇用されていたため、その支給を受ける給与について所得税法別表第3の日額表の丙欄が適用されていて、引き続き常雇となった人の退職手当等に係る勤続期間の計算は、日額表の丙欄が適用されていた期間を勤続期間には含めないで計算することとなります（所基通30-9）。これは日々雇い入れられる人は、外見上は丙欄の適用期間中は引き続き勤務しているようにみえますが、契約上はあくまでも日々雇い入れられているのですから、継続的な勤務を前提とする勤続期間には含まれないとされているものです。

(3) 実際の勤務期間によらない場合

退職手当等の支払金額の計算の基礎となる期間が、その退職手当等の支払者の下において引き続き勤務した期間の一部である場合又はその勤務した期間に一定の率を乗ずるなどにより換算をしたものである場合であっても、勤続年数は、あくまでも実際に退職の日まで引き続き勤務した期間により計算します

（所基通30-6）。これについては、退職手当等の支払者がその内規等で、その者の下における実際の勤続期間のうち、見習社員であった期間や海外勤務の期間を計算の基礎となる期間から除外したり、例えば50％など一定の率で換算した期間をもって退職手当等の支給額の計算の基礎としているような場合であっても、実際の勤務期間（除外又は換算する前の期間）によって勤続期間を計算します。

⑷　打切り支給の場合

引き続き勤務する人に支給される給与で退職手当等とされるものについての勤続年数は、その給与の計算の基礎とされた勤続期間の末日において退職したものとして計算します（所基通30-8）。これは打切り支給の退職金に係る勤続年数についての計算方法です。

2　特殊な場合の勤続年数の計算

勤続年数の計算方法の原則は1で述べたとおりですが、次のような特殊な事情に該当する場合には、それぞれ次により計算することとされています（所令69①一ただし書、二・三）。

⑴　退職した者が退職手当等の支払者の下において就職の日から退職の日までに一時勤務しなかった期間がある場合には、その一時勤務しなかった期間前にその支払者の下において引き続き勤務した期間を勤続期間に加算した期間により勤続年数を計算します（所令69①一イ）。例えば、次のようにA社で退職した人のケースではその勤続年数は36年となります。

①　A社勤務　　昭和43年4月1日（就職）～昭和49年12月31日（退職）
②　B社勤務　　昭和50年4月1日（就職）～昭和55年6月30日（退職）
③　A社勤務　　昭和56年10月1日（就職）～平成22年7月31日（退職）

つまり、A社における勤続期間は①の期間6年9か月と③の期間28年10か月との合計35年7か月となりますから、勤続年数は36年になります。ここでの「一時勤務しなかった期間がある場合」とは、つまり本ケースの昭和50年1月1日から昭和56年9月30日までの期間ですが、その期間

に他の者の下で勤務していたかどうかは問いません。
(2) 退職した者が退職手当等の支払者の下において勤務しなかった期間に他の者の下において勤務したことがある場合において、その支払者がその退職手当等の支払金額の計算の基礎とする期間のうちにその他の者の下において勤務した期間を含めて計算するときは、その他の者の下において勤務した期間を勤続期間に加算した期間により勤続年数を計算します（所令69①一ロ）。これは関係会社への出向等を想定したケースですが、勤続年数は次のとおり計算されます。

イ　A社からB社へ転籍してB社で退職する場合

A社に昭和47年4月1日就職後、平成3年7月1日B社勤務へ出向し、平成23年3月31日B社で退職した場合には、B社での勤務期間19年9か月にA社での勤務期間19年3か月を加算した38年12か月、すなわち39年が勤続年数となります。この場合において、B社での退職手当等の支払金額の計算の基礎とする期間のうちに、A社での勤務期間の見習期間については勤務した期間に含めないで計算するとされていたり、A社での勤務期間に一定の率を乗じて換算した期間により計算することとされていたりした場合には、含めないとされた期間を除いた期間により、また換算しないで計算した期間により勤続年数を計算することとされています（所基通30-11）。したがって、例えばA社での見習期間が1年とするとこれを除いた18年3か月が勤続期間となります。また、A社での勤務期間に3分の2を乗じて換算した期間（12年10か月）とされていても、実際の勤務期間である19年3か月を基に勤続年数を計算します。

ロ　A社からB社へ出向してA社へ復帰後退職する場合

イのケースでB社出向後の平成15年10月1日にA社に復帰したとした場合の勤続期間は、当初のA社での勤務期間は上記(1)により加算され、これにB社における期間を加算することになりますから、結果はイと同じ39年となります（19年3か月＋12年3か月＋7年6か月）。

なお、この他の者の下において勤務した期間を含めて計算することが認められるのは、法律若しくは条例の規定により、又は所得税法施行令第153条若しくは平成14年政令第271号による改正前の法人税法施行令第105条に規定する退職給与規程において、他の者の下において勤務した期間を含めた期間によって退職手当等の支払金額の計算をする旨を明らかにしている場合に限られています（所基通30-10）。

(3)　退職した者が退職手当等の支払者から前に退職手当等の支払を受けたことがある場合には、前に支払を受けた退職手当等の支払金額の計算の基礎とされた期間の末日以前の期間は、勤続期間又は(1)若しくは(2)の加算すべき期間に含まれないものとして、勤続期間の計算又は(1)若しくは(2)の計算を行います。

　　ただし、その支払者がその退職手当等の支払金額の計算の基礎とする期間のうちに、その前に支払を受けた退職手当等の支払金額の計算の基礎とされた期間を含めて計算する場合には、その期間は、これらの期間に含まれるものとしてこれらの計算を行います（所令69①一ハ）。

　　この前段は、退職手当等の支払者から前に退職手当等の支払を受けている場合には、前に支払を受けた退職手当等の支払金額の計算の基礎とされた期間の末日以前の期間は、勤続年数の計算上、勤続期間に含めないで計算するという上記(1)又は(2)の例外的取扱いです。しかし、その支払者がその退職手当等の支払金額の計算の基礎となる期間に、前に支払を受けた退職手当等の支払金額の計算の基礎とされた期間を含めて計算する場合には、その期間は勤続期間に含めて計算することができるとされているのがこの後段のただし書の取扱いです。この場合も(2)と同様に退職給与規程等においてその期間を含めて計算する旨が明らかにされていることが要件となります。

(4)　退職手当等とみなされる退職一時金等については、その退職一時金等の支払金額の計算の基礎とされた期間（組合員等であった期間）により勤続年数の計算をします。そして、その期間が時の経過に従って計算した期間

によらず、これに一定の期間を加算した期間によっている場合には、その加算をしなかったものとして計算した期間によります。

(5) 同一年中に2か所以上から退職手当や退職一時金等の支払を受ける場合には、それぞれの退職手当等について、上記1の勤続期間又は上記(1)から(4)までにより計算した期間のうち、最も長い期間によって勤続年数を計算します。ただし、その最も長い期間以外の期間のうちにその最も長い期間と重複しない期間があるときは、その重複しない部分の期間（1の勤続期間又は上記(1)から(4)までに準じて計算した期間）をその最も長い期間に加算して、勤続年数を計算することになります（所令69①三）。

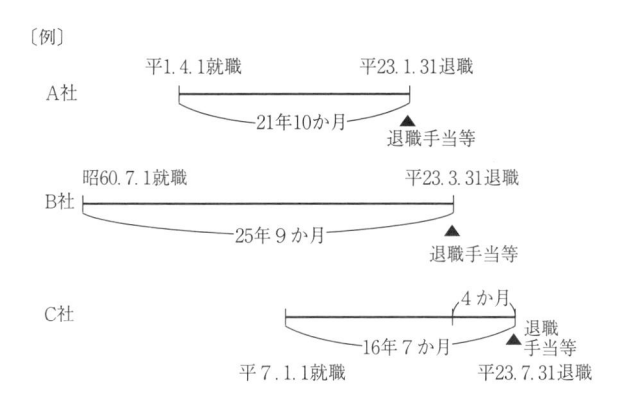

〔例〕

A社　平1.4.1就職 ─── 平23.1.31退職
　　　　　　21年10か月　▲退職手当等

B社　昭60.7.1就職 ─── 平23.3.31退職
　　　　　　25年9か月　▲退職手当等

C社　平7.1.1就職 ─── 平23.7.31退職
　　　　　16年7か月　4か月　▲退職手当等

この場合の勤続年数は、A社、B社及びC社の勤続期間のうち、最も長い期間であるB社の25年9か月により計算し、この最も長い期間と重複していない期間であるC社の4か月を、この最も長い期間に加算します。

したがって、勤続期間は26年1か月となりますから、勤続年数は1年未満の端数を切り上げた27年となります。

Point

退職所得控除の計算の基礎となる勤続年数と退職手当等の支払者がその計算の基礎とする勤続年数とは、必ずしも同じではありません。

24 退職手当等

法人成り後個人事業期間の勤続年数通算の可否

Q 当社は、個人として営んでいた事業を16年前に法人組織としたものです。個人事業当時の従業員は、引き続き当社の社員として勤務していますが、その中には、個人事業の青色事業専従者やその後当社の役員になったものも含まれています。これらの者が当社を退職する際、その退職所得控除額の計算の基礎となる勤続年数には、個人事業に従事していた期間も通算して計算することができますか。

論点 個人時代から引き続き勤務する従業員であっても、自動的に勤務期間が通算されるわけではなく、退職給与規程等において、個人事業の勤続期間を含めて退職金の額を計算することが明らかにされていることが必要です。この場合でも、青色事業専従者であった者については、退職給与規程等の定めにかかわらず通算することは認められません。

A

1 勤続年数の計算の概要

退職所得の金額は、その年中の退職手当等の収入金額から退職所得控除額を控除した残額の2分の1に相当する金額とされ（所法30②）、退職所得控除額は、勤続年数が20年以下の場合には1年につき40万円、勤続年数が20年を超える場合には、800万円に20年を超える年数1年につき70万円を加算した金額とされています（所法30③）。

そして、勤続年数は、通常の場合、退職手当の支払者から支払を受ける居住者が退職手当等の支払者の下においてその退職手当等の支払の基因となった退職の日まで引き続き勤務した期間（勤続期間）により計算することとされています（所令69①一本文）。また、前問2の(2)のとおり、退職所得者が退職手当等の支払者の下において勤務しなかった期間に他の者の下において勤務したこ

とがある場合において、その支払者がその退職手当等の支払金額の計算の基礎とする期間のうちにその他の者の下において勤務した期間を含めて計算するときは、その他の者の下において勤務した期間を勤続期間に加算した期間により勤続年数を計算することとされています（所令69①一ロ）。このように、勤続年数は退職所得の金額の計算の基礎となる退職所得控除額の算出に直接影響を及ぼすものです。

2　個人事業期間の通算の可否

　経営の主体が個人事業から法人へと変更、いわゆる法人成りになった場合においても、個人事業時代から引き続き法人設立後も勤務している従業員にとっては、従業員としての立場に変更はありませんので、その従業員が支払を受ける退職手当等は退職所得であることには変わりがありません。一方、個人から法人へと名称の変更以外には、事業の実態としては事実上何ら変更がなかったとしても、法人成りの前後では法的には経営主体が異なることになりますから、現に法人に勤務している従業員にとって、個人事業に勤務していた期間は他の者の下に勤務していた期間ということになります。したがって、支払者がその退職手当等の支払金額の計算の基礎とする期間のうち個人事業に勤務した期間を含めて計算するときは、個人事業期間を通算した期間により勤続年数を計算することとなります。しかし、このような計算が認められるのは、退職所得の計算に当たり個人事業期間を含めて計算するだけでは足りず、所得税法施行令第153条又は平成14年政令第271号による改正前の法人税法施行令第105条に規定する次に掲げる退職給与規程において、他の者の下において勤務した期間を含めた期間により退職手当等の支払金額を計算する旨が明らかに定められている場合に限られています（所基通30-10）。

①　労働協約により定められる退職給与の支給に関する規程
②　労働基準法第89条又は船員法第97条第2項の規定により行政官庁に届け出られた就業規則により定められる退職給与の支給に関する規程
③　労働基準法第89条又は船員法第97条の規定の適用を受けない使用者が

その作成した退職給与の支給に関する規程をあらかじめ納税地の所轄税務署長に届け出た場合におけるその規程

これに対し、法人の退職給与規程等において、退職手当等の支払金額の計算は法人設立後の期間によるものとされている場合には、個人事業の勤続期間を通算して勤続年数の計算をすることは認められません。

3　質問のケースの場合

青色事業専従者以外の従業員については、退職給与規程等において個人事業期間を含めて計算する旨が明らかにされている場合には、個人事業時代の勤続期間を含めて勤続年数を計算することが認められます。この場合、法人成り後に役員になった場合でも、退職手当等の支払を受ける居住者であることには変わりがありませんので取扱いは同じとなります。逆に退職給与規程等において個人事業期間を含めて計算する旨が明らかにされていない場合には、法人設立から退職までの勤続期間で勤続年数を計算することになります。

しかし、青色事業専従者については、①個人事業主と生計を一にする親族であることから、そもそも他の者の下について勤務していたとは認められないこと、②同一生計内における役務の提供は、一般の使用人と異なり就職や退職という区切りが明確でなく、事業従事の状況も一般の使用人の勤務と同じとは認められないことといった理由から退職給与規程等の内容にかかわらず、通算することは認められないと解されます。また、個人事業主については、使用人とは認められない個人事業期間を通算することは認められません。

4　参考事項

法人が個人事業期間を含めて退職手当等を支払う場合には、支払額全額を法人の損金の額に算入することができるかという問題があります。厳密には個人事業期間に対応する支払額は個人事業主が負担すべきであり、個人事業の廃止年分の必要経費とすべきとも考えられますが（所法63）、その退職が法人設立後相当期間経過後である場合には、その支給した退職給与の額の全額を損金に

算入することとされています(法基通9-2-39)。この場合の相当期間経過後については、一般的には所得税の減額更正が可能な期間との関連で5年程度と解して差し支えないと思われます。

> **Point**
>
> 　個人事業期間の通算ができるのは無条件ではありません。退職給与規程等に個人事業期間を含めた勤続期間を基礎として退職手当等を計算する旨が定められていることとそれに基づいて計算した金額を支払うことが必要となります。
> 　しかし、個人事業主については、個人事業期間中は役員でも使用人でもありませんから、法人成り後の勤続期間との通算は認められません。

25 退職手当等

復職して退職した場合の退職所得控除額の計算

Q 当社の退職給与規程では、関係会社に転籍後当社に復職する場合には、転籍前の当社における勤続期間と復職後の勤続期間とを通算して勤続年数を計算することになっています。ただし、転籍後復職する者は、転籍の際に支給された退職手当の全額を当社に返還することが条件となっています。

このように再び当社に勤務することとなった者に退職手当を支給する場合の退職所得控除額はどのように計算すればよいでしょうか。また、退職手当の返還を受けた場合、その退職手当について納付した所得税はどのように取り扱われるのでしょうか。

論点

退職手当等の支払者の下に一時勤務しなかった期間がある場合の退職所得控除額の計算は、その期間を今回の退職手当等の支払金額の計算の基礎に含めている場合に、前の退職（他の者の退職を含みます。）のときに退職手当等の支払を受けているかどうかにより退職所得控除額の計算が異なってきます。

A　1　通常の場合の退職所得控除額の計算

退職所得控除額は、次表のとおり、退職手当等の受給者の勤続年数が20年以下であれば1年につき40万円、20年超であれば1年につき70万円と800万円とを合計した金額を控除することとされています（所法30③）。

勤続年数	退職所得控除額
20年以下の場合	40万円×勤続年数
20年を超える場合	800万円＋70万円×（勤続年数－20年）

なお、上記の表又は次の2により計算した金額が80万円に満たない場合の退職所得控除額は80万円とされます（所法30④二）。また、障害者になったことに直接基因して退職したと認められる場合で、在職中に障害者に該当することとなったことにより、その該当することとなった日以後全く又はほとんど勤務に服さないで退職した場合には、上記の表又は次の2により計算した金額に100万円を加算した金額とされます（所法30④三、所令71）。この障害者に該当することとなったかどうかは、障害者控除の対象となる障害者に該当することとなったかどうかにより判定し、障害者になった原因である傷病は職務上であるか職務外であるかを問いません。

また、障害による退職に該当する場合として次のような場合が明らかにされています（所基通30-15）。

① 障害者になった後一応勤務には復したが、平常の勤務に復することができないまま、その勤務に復した後おおむね6か月以内に退職した場合
② 障害者になった後一応平常の勤務には復したが、その勤務に耐えられないで、その勤務に復した後おおむね2か月以内に退職した場合

これらの場合には、障害者になったことに基づいて退職したものでないことが明らかな場合を除きます。

2　特殊な場合の退職所得控除額の計算

(1) 退職手当等が前年以前に支払を受けた退職手当等の勤続期間を通算して計算されている場合

退職手当等の支払を受ける者が、①今回の支払者の下において勤務する以前に他の者に勤務していて、その他の者から退職手当等の支払を受けている場合に、今回の支払者がその他の者の下において勤務した期間を今回支払う退職手当等の支払金額の計算の基礎に含めているとき又は②今回の支払者から前に退職手当等の支払を受けたことがある場合において、その支払者が前に支払った退職手当等の計算の基礎となった期間を今回支払う退職手当等の支払金額の計算の基礎に含めているときは、これらの今回支払う退職手当等に対する退職所

得控除額は、次のイに掲げる金額からロに掲げる金額を控除した金額となります（所法30④一、所令70①一、③）。

　イ　今回支払を受ける退職手当等につき第23問の1又は2により計算した勤続年数を基として、上記1の表により計算した金額

　ロ　他の者から前に支払を受けた退職手当等又は今回の支払者から前に支払を受けた退職手当等につき第23問の1又は2により計算した期間（その期間に1年未満の端数があるときは、その端数を切り捨てた期間）を勤続期間とみなして、上記の表により計算した金額

これは、勤続年数は通算して計算されますが（第23問参照）、退職所得控除額の計算においては、重複控除を避けるため前の退職手当等の支払金額の計算の基礎とされた勤続年数に見合う退職所得控除額を勤続年数を通算して求めた退職所得控除額から控除するものです。

(2) **その年に支払を受ける退職手当等についての勤続期間等と前年以前4年内に支払を受けた他の退職手当等についての勤続期間等とに重複している期間がある場合**

その年の前年以前4年内（その年に確定拠出年金法に基づく老齢給付金として支給される一時金の支払を受ける場合には、14年内。以下同じです。）に退職手当等（上記(1)の「前に支払を受けた退職手当等」を除きます。）の支払を受けていて、その年に支払を受ける退職手当等につき計算した期間の一部が前の退職手当等につき計算した期間と重複している場合には、その年に支払を受ける退職手当等についての退職所得控除額は、原則として、次のイに掲げる金額からロに掲げる金額を控除した金額となります（所法30④一、所令70①二、②、③）。

　イ　その年に支払を受ける退職手当等につき第23問の1又は2により計算した勤続年数を基として上記1の表により計算した金額

　ロ　重複している部分の期間（その期間に1年未満の端数があるときは、その端数は切り捨てた期間）を勤続年数とみなして上記1の表により計算した金額

3 質問のケースの場合

質問のケースは上記2の(1)に該当することになりますが、転籍先の会社で退職手当等の支払を受けているかどうかにより、次のとおり退職所得控除額の計算が異なってきます。

(1) 転籍先で退職手当等の支払を受けている場合

① 当社勤務　　昭和52年4月1日（就職）～平成4年12月31日（退職）
　　　　　　　→退職手当等支給あり
② 関係会社勤務　平成5年1月1日（就職）～平成13年6月30日（退職）
　　　　　　　→退職手当等支給あり
③ 当社勤務　　平成13年7月1日（復職）～平成23年5月31日（退職）
　　　　　　　→今回の退職手当等

このケースでは、勤続期間は①から③までを通算して34年2か月となりますので、勤続年数は35年となります。この場合の退職所得控除額は、35年の勤続年数について1の表により計算した1,850万円から、①と②の勤続期間の合計24年3か月から求めた勤続年数24年（1年未満の端数切捨て）について1の表により計算した1,080万円を控除した770万円となります。

(2) 転籍先で退職手当等の支払を受けていない場合

(1)のケースで②の退職手当等の支給がない場合ですので、控除する勤続期間は①の期間に見合う勤続年数15年（勤続期間15年9か月）となり、これに見合う退職所得控除額は上記1の表により計算した600万円となります。したがって、1,850万円から600万円を控除した1,250万円が求める退職所得控除額となります。

以上のように、復職後に支給を受ける退職手当等から控除する退職所得控除額は、復帰前の勤続期間（転籍先に勤務した期間とそれ以前に当社に勤務した期間）を含めて計算した勤続年数に対応する退職所得控除額から、前に支払を受けた退職手当等の支払金額の計算の基礎とされていない復帰前の勤続期間を勤続年数とみなして計算した金額を控除した金額とされます。

しかしながら、いったん退職をして退職手当等の支払を受けた場合であって

も、その後復職するに際し、その復職のための条件として定められたところに従ってその退職手当等の全額をその使用者に返還したときは、前記2の(1)の「前に退職手当等の支払を受けたことがある場合」に該当しないものとされています（所基通30-12）。つまり、前に退職手当等の支払を受けたことがないものとして勤続年数を計算することとなりますから、(1)の場合の退職所得控除額は、関係会社の勤続年数8年（勤続期間8年6か月）となり、320万円を控除した1,530万円（1,850万円－320万円）が、(2)の場合には控除する金額がないことになりますので1,850万円となります。

4　源泉所得税の還付

復職に際し返還された退職手当等についてその支払の際に源泉徴収された所得税額については、その支払が条件付によるものであったため、その条件の成否により支払った金額の返還を受けた場合にはその支払者に還付されます。質問のケースの場合、条件付支払であったと認められますので、所轄税務署長に対し「源泉所得税の誤納額還付請求書」を提出することにより還付を受けることができます（所基通181～223共-6(3)）。

Point

復職に際し前に支払を受けた退職金を返還することで退職手当等の支払を受けなかったと同様の効果を生じますので、退職所得控除額の重複控除が避けられることとなり還付を受けることができますが、前に支払を受けた退職金の返還は復職や再就職の条件として定められていることが必要です。

26 報酬・料金等

報酬・料金等の範囲

> **Q** 源泉徴収の対象とされる報酬・料金等といわれるものの範囲はかなり広いようですが、どのようなものがあるのでしょうか。また、源泉徴収の税率や源泉徴収の方法はどうなっていますか。

論点
報酬・料金等の範囲は、所得税法に個別に列挙されているものに限られ、その支払金額に対して、原則として10％の税率により源泉徴収が行われます。

A

1 報酬・料金等の範囲

所得税法では利子所得や配当所得をはじめとして10種類の所得区分が定められていますが、この所得区分とは別に、所得税法第204条第1項各号に列挙されている特定の報酬若しくは料金、契約金又は賞金（以下「報酬・料金等」といいます。）について、源泉徴収の対象として規定されています（所法204）。この源泉徴収の対象とされる報酬・料金等は、利子所得や給与所得のように所得の種類に応じて定められたものではなく、賞金等一部のものを除き人的役務の提供に係るもので、原稿料、講演料、デザイン報酬、弁護士や公認会計士、職業野球の選手、外交員等の業務に関する報酬、芸能人の出演料など多様で広範囲にわたるものとなっており、事業所得、一時所得又は雑所得に区分されるものです。このためその意義や範囲について一般化することは困難とされていますし、報酬・料金等については、所得税法第204条及び同法施行令第320条（一部租税特別措置法及び同法施行令にも規定されています。）に掲げられたものだけが源泉徴収の対象とされています。この場合、所得税法第204条第1項第1号、第2号及び第4号から第7号までに掲げる報酬、料金又は契約金の性質を有するものについては、たとえ謝礼、賞金、研究

費、取材費、材料費、車賃、記念品代、酒こう料等の名義で支払うものであっても、報酬・料金等として源泉徴収の対象とされます（所基通204-2）。

なお、弁護士等のいわゆる士業といわれる人や講演者などに対して支給される旅費の取扱いについて、これを報酬・料金等に含めて源泉徴収の対象とするのか、あるいは実費弁償相当の金額であれば報酬・料金等に含めないで源泉徴収の対象から除くべきか議論のあるところです。実務上は前者により取り扱われているのが一般的と思われます（参考：岐阜地判 昭39.10.12）。

また、報酬・料金等のうち給与又は退職手当に該当するものについては、給与又は退職手当が優先して適用されますので、報酬・料金等としての源泉徴収は不要となります【第24問参照】。

ちなみに、所得税法第204条第1項各号に掲げられている報酬・料金等については、第Ⅰ編2の「4　報酬・料金等に対する源泉徴収」(3)のイからチまでを参照してください。

2　報酬、料金等の性質を有する経済的利益

所得税法第204条第1項第1号、第2号及び第4号から第7号までに掲げる報酬、料金又は契約金の性質を有する経済的利益（金銭以外の物又は権利その他経済的な利益をいいます。）については、次のように取り扱われます（所基通204-3）。

(1)　職業野球の選手、外交員、集金人、ホステス等のように一定の者に専属して役務を提供する者がその役務の提供先から受ける経済的利益については、その役務提供の状況が給与所得者に類似しているため、給与等とされる経済的利益の取扱いと同様の取扱いをすることとされています。

(2)　(1)以外の経済的利益については、その金銭以外のものの支払を受ける者がその受けることとなった日において、その金銭以外のものを譲渡するものとした場合に、その対価として通常受けるべき価額に相当する金額により評価し、その評価した金額が少額なものについては、源泉徴収を要しないこととされています。

したがって、専属する外交員に住宅を提供したり、永年勤続者表彰の記念品や創業記念品を支給するような場合には、給与所得者と同様の取扱いをする必要があります。

3 支払者が負担する旅費

前記1及び2のとおり、報酬、料金又は契約金の性質を有するものについては、その支払の名義のいかんを問わず報酬・料金等として源泉徴収の対象とされ、また、報酬又は料金の支払先から受ける経済的利益も報酬・料金等として源泉徴収の対象とされます。しかし、所得税法第204条第1項第1号、第2号、第4号及び第5号に掲げる報酬又は料金の支払をする者が、これらの報酬又は料金の支払の基因となる役務を提供する者のその役務を提供するために行う旅行、宿泊等の費用を負担する場合において、その費用として支出する金銭等が、その役務を提供する者（同項第5号に規定する事業を営む個人を含みます。）に対して交付されるものでなく、その報酬又は料金の支払をする者から交通機関、ホテル、旅館等に直接支払われ、かつ、その金額がその費用として通常必要であると認められる範囲内のものであるときは、その金銭等については、前記1及び2の取扱いにかかわらず、源泉徴収をしなくて差し支えないこととされています（所基通204-4）。

4 支払を受ける者が法人以外の団体等である場合の法第204条の規定の適用

所得税法第204条第1項各号に掲げる報酬・料金等の支払を受ける者が、官庁等の部、課、係、研究会又は劇団若しくは楽団等の名称のものであって、人格のない社団等に該当するかどうかが明らかでない場合には、その支払を受ける者が次のいずれかに掲げるような事実を挙げて人格のない社団等であることを立証した場合を除き、個人に対する報酬・料金等の支払として源泉徴収が適用されます（所基通204-1）。

(1) 法人税を納付する義務があること

(2) 定款、規約又は日常の活動状況からみて個人の単なる集合体ではなく団体として独立して存在していること

5 源泉徴収税率

　報酬・料金等を支払う際に徴収すべき税額は、その支払金額に 10％の税率を乗じて計算した金額に相当する金額が原則ですが、同一人に 1 回に支払われる金額が 100 万円を超える場合には、その超える部分の金額については 20％の税率とされます（所法 205 一）。

　（注）　司法書士、土地家屋調査士若しくは海事代理士の業務に関する報酬若しくは料金、社会保険診療報酬、職業拳闘家、外交員、集金人若しくは電力量計の検針人の業務に関する報酬若しくは料金、ホステス等の業務に関する報酬若しくは料金又は広告宣伝のための賞金若しくは馬主が受ける競馬の賞金については、20％の税率の適用はありません（所法 205 二）。

　また、特定の報酬又は料金については、その支払金額から所定の控除額を控除した後の金額に税率を乗じることとされています。具体的には次の表のとおりです（所令 322）。

報酬・料金等	支払金額	控除額
司法書士、土地家屋調査士若しくは海事代理士の業務に関する報酬	同一人に 1 回に支払われる金額	1 万円
社会保険診療報酬	同一人にその月分として支払われる金額	20 万円
職業拳闘家の業務に関する報酬	同一人に 1 回に支払われる金額	5 万円
外交員、集金人又は電力量計の検針人の業務に関する報酬	同一人にその月中に支払われる金額	12 万円（注 1）
ホステス等の業務に関する報酬又は料金	同一人に 1 回に支払われる金額	5,000 円にその支払金額の計算期間の日数を乗じて計算した金額（注 2）
広告宣伝のための賞金	同一人に 1 回に支払われる金額	50 万円

| 馬主が受ける競馬の賞金 | 同一人に1回に支払われる金額 | 賞金の額の20％相当額と60万円との合計額 |

(注1) 報酬又は料金の支払者がその報酬又は料金の支払を受ける者に対し給与の支払をする場合には、12万円からその月中に支払われるその給与の額を控除した金額
(注2) 報酬又は料金の支払者がその報酬又は料金の支払を受ける者に対し給与の支払をする場合には、表に掲げる金額からその期間に係るその給与の額を控除した金額

6　消費税の取扱い

　報酬・料金等の金額のうちに消費税及び地方消費税の額が含まれている場合であっても、消費税及び地方消費税の額を含めた金額が源泉徴収の対象となる報酬・料金等の金額となります。ただし、報酬・料金等の支払を受ける者からの請求書等において報酬・料金等の額と消費税及び地方消費税の額とが明確に区分されている場合には、その報酬・料金等の額のみを源泉徴収の対象とする金額として差し支えありません（平元直法6-1、平9課法8-1改正）。

Point

　報酬・料金等に対する源泉徴収税率は10％が原則ですが、同一人に1回に支払われる金額が100万円を超える場合にはその超える部分の金額には20％とされています。この場合の同一人に1回に支払われる金額とは、同一人に対し1回に支払われるべき金額をいいますが、税率を乗ずべき金額の判定に当たっては、現実に1回に支払われる金額によって差し支えないこととされています（所基通205-1）。

27 報酬・料金等

報酬・料金等に対する源泉徴収義務

Q 私は個人で飲食店を経営していますが、日中は主婦のパートタイマー、夕方以後は学生アルバイトを雇って営業を行っています。これら従業員に対する給与の支給額は、勤務時間が短いこともあって、パートタイマー及びアルバイトのいずれも源泉徴収税額が生じる金額未満の金額となっています。この度、父が死亡し相続が発生しましたので税理士に依頼して相続税の申告をすることになりました。この税理士に支払う報酬については、給与の支払に際して徴収して納付すべき税額がない場合には、税理士報酬についても源泉徴収義務がないという人と、納付税額がない場合であっても事業を行っている以上源泉徴収義務があるという人がいますが、どちらが正しいのでしょうか。

論点

所得税法第204条に規定する報酬・料金等に対する源泉徴収義務の有無は、支払う給与に係る納付税額の有無ではなく給与の支払の有無により判断します。

A
1 源泉徴収が不要とされる場合

居住者に対し国内において、原稿料や講演料、映画出演料などの報酬等、弁護士や税理士、外交員などの業務に関する報酬等、契約金又は賞金の支払をする者は、その支払の際、その報酬・料金等について所定の所得税を徴収して、これを国に納付しなければならないこととされています（所法204①二、205一）。この場合、支払をする者は、その者が個人であるか法人であるか、また、居住者か非居住者か、内国法人か外国法人かにかかわらず、さらには所得税又は法人税の納税義務を課されない国や地方公共団体等であっても源泉徴収義務を負うこととされています。これは、源泉徴収の対象と

なる所得であれば、他の所得にも共通することで報酬・料金等に限ったことではありません。しかし、次の報酬・料金等については、源泉徴収を要しないこととされています（所法204②）。

(1) 報酬・料金等のうち、給与等又は退職手当等に該当するものは、これら給与等又は退職手当等としての源泉徴収の対象とされ、報酬・料金等としての源泉徴収は適用されません（所法204②一）。例えば、いわゆる企業内弁護士とか社内弁護士とか呼ばれている者に対して弁護士報酬を支払うような場合には、弁護士は支払を受ける企業に専属的に役務を提供し他の者には役務提供を行わないという状況においては、弁護士の業務に関する報酬ではあっても、その報酬は給与所得又は退職所得にも該当するときがあります。このように報酬・料金等に該当するものでも給与所得又は退職所得にも該当するものは、給与所得又は退職所得としての源泉徴収が優先適用されますので、報酬・料金等として源泉徴収を行うことは誤りということになります。

(2) 報酬・料金等のうち、バー等の経営者及びバンケットホステス等の派遣業者が支払うホステス等の業務に関する報酬又は料金を除き、給与について所得税を徴収して納付すべき個人以外の個人から支払われるものについては、源泉徴収を要しないこととされています（所法204②二、措法41の20②）。これは報酬・料金等の支払者が一般のサラリーマンなどの場合、事業を営んでいる者のように日常給与の支払事務を行っている者とは違いますので、そのような個人にまで一律に所得税の徴収及び納付義務を課すことは、かなりの負担を強いることとなりその適正な履行も困難と考えられるためです。

　この給与について所得税を徴収して納付すべき個人以外の個人とは、次の者をいいます（所法184）。

① 給与の支払のない個人
② 常時2人以下の家事使用人のみに対し給与の支払をする個人
　そこで、「給与について所得税を徴収して納付すべき個人」とは、支

払金額が少額などのため徴収すべき税額がないような個人の支払者を含むのかどうかですが、これについては、給与を支払って結果的に実際に徴収して納付すべき税額がない個人も含まれるものと解されています（所基通204-5）。つまり、納付税額の有無ではなく給与の支払があるかどうかにより判定することになります。したがって、休業している場合のように、その間給与の支払がなければ、報酬、料金等の支払に際して源泉徴収は必要ありません。また、給与につき所得税を徴収して納付すべき個人に該当するかどうかは、報酬・料金等を支払うべき日の現況において、給与を支払う者であるかどうかにより判定することとされています（所基通204-5）。したがって、例えば、事業を都合により一時的に休業するような場合、従業員に最後の給与を支払う前に報酬・料金等の支払が確定し、それを従業員の給与より後の日に支払う場合でも、その報酬・料金等については源泉徴収義務があることになります。

(3) ホステス等の業務に関して支払われる報酬又は料金のうちバー等の経営者及びバンケットホステス等の派遣業者以外の者からホステス等に支払われるものは、源泉徴収を要しないこととされています（所法204②三）。しかし、バー等の経営者及びバンケットホステス等の派遣業者以外の者から支払われるものであっても、客からこれら経営者及び派遣業者を通じて支払われるときは、これら経営者及び派遣業者はその報酬又は料金の支払者とみなされ、その報酬又は料金をホステス等に交付したときにその支払があったものとみなされて源泉徴収を行う必要があります（所法204③）。この場合、ホステス等の業務に関する報酬又は料金以外の他の報酬・料金等については、その支払者が給与についての源泉徴収義務のない個人ならば、前記(2)により源泉徴収を要しないこととされていますが、ホステス等の業務に関する報酬又は料金については、バー等の経営者及びバンケットホステス等の派遣業者が給与についての源泉徴収義務がある個人であるかどうかを問わず、源泉徴収の義務があります。

2 質問のケースの場合

　パートタイマーやアルバイトに対して給与を支払っているけれども、その支払金額が源泉徴収の対象となる金額未満であるため、支払金額から徴収して納付すべき所得税額がない場合でも、その給与の支払者は、前記1のとおり、ホステス等の業務に関する報酬又は料金を除いて、報酬・料金等について源泉徴収義務が課されています。したがって、その支払者が相続税の申告のため税理士にその業務に関する報酬又は料金を支払う際には、所得税の源泉徴収が必要となります。これは青色事業専従者である家族従業員のみに給与の支払をしている場合においても同様ですから、青色事業専従者給与から源泉徴収して納付すべき税額がなくても、税理士に対する報酬については源泉徴収をしなければならないことになります。

（注）　給与の支払をする者は徴収して納付すべき源泉所得税額がない場合であっても、支給人員、支給金額等を記載した所得税徴収高計算書を所轄税務署長に提出することになっています（所法220、所規80、別表三（三）備考17）。

Point

　常時2人以下の家事使用人のみに対し給与の支払をする個人は、源泉徴収を要しないこととされていますが、3人以上の家事使用人に支払う給与や家事使用人が2人以下でも事業上の使用人が1人でもいる場合に支払う給与については、これらの者に支払う給与のすべてについて源泉徴収が必要となります。

28 報酬・料金等

研究委員会の謝金等

Q 当社団法人では、科学技術の振興と普及を促進するための活動を行っていますが、その活動をより充実させるため大学の教授をはじめとする有識者に研究委員として、設置した研究委員会において、意見の陳述や研究の発表等をしてもらい、当社団の活動に反映させることとしています。発表された研究成果や意見は記録のため報告書として取りまとめをしますが、雑誌等に掲載することはありません。委員に対しては、委員会出席謝金と報告書執筆謝金を支払っていますが、この謝金についての課税関係はどのようになりますか。また、科学技術の有用性を周知するための講演会や公開討論会を各地で開催し、出席者(大学教授、科学ジャーナリスト、企業の研究員など)には次のような謝金を支払っていますが、これら謝金についての課税はどのようになりますか。
①講演会の講師謝金、②公開討論会における司会者謝金、③同意見発表謝金、④同学識経験者助言謝金

なお、以上の謝金の支払に際し、いずれの場合も実費相当の旅費を支払っていますがこれは非課税として取り扱って差し支えないでしょうか。

論点

謝金の支払者と支払を受ける者との間の人的役務の提供の実態に応じて、所得区分及び源泉徴収の要否を判定することになります。

A

1 研究委員と社団との関係

研究委員と社団法人との人的役務の提供に関する契約の内容により課税関係が異なりますが、まず両者の関係が雇用契約又はこれに類する原因に基づき使用者の指揮命令に服して非独立的に提供される労務の対価と認められれば、給与所得に該当し源泉徴収の対象となります。一方、そ

のような実態がなければその人的役務の提供の対価は事業所得又は雑所得になり、それが所得税法第204条に掲げられている報酬・料金等に該当すれば源泉徴収が必要であり（所法204①）、該当しなければ源泉徴収は不要となります。

そこで、いずれに該当するかを判定する要素としていくつか考えられます。すなわち、給与所得については、両者の間にどの程度の従属性なり拘束性があるかということが重要になります。例えば、委員の任期は定められているのか、研究委員会の開催は定期か不定期か、定期とすれば毎月1回か年に1回か、出席の案内はその都度行っているのか、報酬の支払条件はどうかなどといった要素を総合的に勘案して判断することになります。したがって、委員としての任期の定めがなく、研究委員会の開催も不定期であり、開催回数も年に1、2回というような場合以外は、一般的には給与所得に該当する要素が大きいのではないかと思われます。また、このような委員会の委員は任期を定めて委嘱することが多く、委嘱状を交付するのが通例といわれています。たとえ委嘱状の交付がなくても、一定の期間は委員として主催者に拘束されるというのであれば、他の者の代替を容れないということにもなります。したがって、委嘱期間中は、雇用関係あるいはそれに準じたものに基づく役務提供の対価としての性質が強いと考えられますので、委員会出席謝金及び報告書執筆謝金のいずれも給与所得に該当し源泉徴収の対象となると考えられます。

一方、給与所得に該当しない場合、謝金は委託研究費に該当するのではないかと考えられますが、この委託研究費に該当するかどうかは、その支払われる調査研究のための費用が支払基準や支払金額からみて、その研究のための実費相当であるか否か、独創的な見解の表明は二次的なもので専ら調査や資料収集が主要な部分を占めているかどうかといった要素により判定することになります。しかし、質問からは専門家としての意見表明に過ぎないように思われますので委託研究費には該当しないと考えられます。また、出席委員は研究発表や意見の陳述を行うので、この役務提供に対する対価を講演料とみる考えもあります。講演とは、一般には特定の主題のもとに一定の論旨をもって多数の者に話をすることと解されますので、その意味で研究委員会の中での意見や研究成

果の発表は講演には該当しないと考えられます。さらに研究委員会での発言内容は後日報告書として取りまとめられるということですので、それが単に収集した資料などを羅列するだけでなく、委員の思想に基づき整理し記述されるとすれば著作物に該当すると考えられ、委員に支払われる謝金は、その著作物の使用の対価である原稿料に該当するのではないかとも考えられます。しかし、出版物として刊行されないことや委員会出席謝金という名称からすれば、謝金の額は原稿枚数や字数に応じたものとは考えられないことなどから原稿料としての性質はかなり希薄と思われます。

なお、委員会出席謝金と報告書執筆謝金が、給与所得、委託研究費、講演料又は原稿料のいずれに該当するとしても、それぞれを異なる取扱いとする理由は乏しいと考えられます。

2　講演会や公開討論会の謝金

講演会や討論会への出席者の謝金についても、基本的には前記1と同様に判断すべきであると考えられますが、各地で開催される講演会や討論会への出席者は、その都度出席の要請を受けていると思われますし、また、委嘱状も交付されないのが一般的と思われますので、給与所得には該当する要素は少ないと判断されます。そうすると、講演会の講師謝金は講演料に該当しますので報酬・料金等としての源泉徴収が必要となりますが、それ以外の公開討論会における司会者謝金、意見発表謝金及び学識経験者助言謝金は、討論会の司会進行や意見の発表、助言解説に対する対価であり講演料をはじめとして報酬・料金等には該当しないと認められますので、源泉徴収をする必要はありません。

3　旅費

給与所得者が支給を受ける旅費のうち職務上の出張に伴うものでその旅行に通常必要と認められるものは非課税として取り扱われますが（所法9①四）、これは使用者の事業遂行上の要請に基づくもので、本来使用者が負担すべきものなので給与所得者の収入とみるべきではないという理由からです。給与所得

者にとって、旅費は職務遂行上必要な費用を弁償するものですので課税の対象から除かれていると考えられます。したがって、1又は2の各謝金が給与所得とされる場合には、前記非課税とされる旅費の要件を満たす限り支払われる旅費は課税されません。

一方、給与所得以外の場合には、原則として旅費として支払われた金額は事業所得又は雑所得の収入金額の対象となり、支出した金額が必要経費となります。この場合、謝金が報酬・料金等とされる講演料や原稿料に該当する場合には、通常旅費を含めて源泉徴収の対象とされます（所基通204-2）。

(注) 支払われる旅費が交通費の実費相当額だけであるような場合にまで源泉徴収の対象とすることについては、問題があるとの指摘もあります。

Point

各謝金の支払の前提となる役務提供に関する契約条件等に応じた支給要件、支給金額の基準を定めた規程や規約を整備するとともに、税務上の取扱いについても明確にしておくことが重要です。

29 報酬・料金等

弁護士等の業務に関する報酬又は料金

Q 所得税法第204条第1項第2号の弁護士や税理士の業務に関する報酬又は料金には破産管財人や登録政治資金監査人として支払を受ける報酬も源泉徴収の対象になるということを聞きました。弁護士法や税理士法等には破産管財人や登録政治資金監査人としての業務は含まれていないそうですがなぜでしょうか。

論点
所得税法にいう弁護士等のいわゆる士業といわれる資格者の業務は、弁護士法、公認会計士法等の各業法に規定する業務等の範囲に限定されないと解されます。

A

1 所得税法第204条第1項第2号

所得税法第204条第1項は、居住者に対し国内において報酬・料金等の支払をする者は、その支払の際、その報酬・料金等について所得税を徴収し、これを国に納付しなければならない旨規定しています（所法204①）。この報酬・料金等については同項第1号から第8号までに具体的に列挙されています。このうち、いわゆる士業といわれる報酬又は料金については、同項第2号に次の者に係る業務に関するものが掲げられています。すなわち「弁護士（外国法事務弁護士を含む。）、司法書士、土地家屋調査士、公認会計士、税理士、社会保険労務士、弁理士、海事代理士、測量士、建築士、不動産鑑定士、技術士その他これらに類する者で政令で定めるもの」とされ、政令では、計理士、会計士補、企業診断員、測量士補、建築代理士、不動産鑑定士補、火災損害鑑定人若しくは自動車等損害鑑定人又は技術士補などが規定されています（所令320②）。

2　破産管財人

　破産管財人は破産手続開始決定と同時に裁判所により選任されますが（破産法31①）、通常は弁護士が破産管財人に選任されます。破産手続開始決定があると破産財団に属する財産の管理及び処分をする権利は、裁判所が選任した破産管財人に専属し（同法78①）、破産管財人は、破産財団の占有・管理、破産原因と破産財団の調査、破産債権の調査、破産財団の換価、別除権等への対応、債権者集会での報告等の業務を行うこととされています。このように破産管財人は、破産者の有していた全財産を換価、処分、回収して集めた金銭を債権届出した債権者に配当する手続を担っています。

3　登録政治資金監査人

　平成19年12月改正の政治資金規正法により登録政治資金監査人（以下「資金監査人」といいます。）制度が導入されました。この制度は、政治団体の支出に係る収支報告の適正の確保及び透明性の向上のためとして、国会議員関係政治団体に係る収支報告等について、資金監査人による政治資金監査が義務付けられたことにより設けられたものです。この資金監査人になることができるのは政治資金適正化委員会に備える名簿への登録を受けた弁護士、公認会計士及び税理士とされています（政治資金規正法19の18①）。資金監査人は、国会議員関係政治団体の会計責任者が提出するいわゆる政治資金収支報告書及びその他帳簿等について政治資金監査を行うとともに、政治資金監査報告書を作成しなければならないとされています（同法19の13①～③）。

4　業務に関する報酬・料金

　破産管財人の業務が弁護士の業務に含まれるかどうかが問題となります。弁護士法は「当事者その他関係人の依頼又は官公署の委嘱によって、訴訟事件、非訟事件及び審査請求、異議申立て、再審査請求等行政庁に対する不服申立事件に関する行為その他一般の法律事務を行うことを職務とする」と規定しており（同法3①）、破産管財人の業務は掲げられていませんので、その限りにお

いては弁護士法の業務等に含まれないということになります。一方、弁護士法に規定する業務等が、所得税法第204条に規定する弁護士の業務に含まれることは疑義のないところと思われます。そうすると、弁護士法に規定されていない破産管財人の業務が所得税法第204条第1項第2号の業務に該当するかどうかが問題となります。これに関して、判例では旧破産法下における管財人業務について、「(同号)が規定する業務の内容に照らせば、同号は、同号所定の一定の専門的知見を有する者が行う業務に関する報酬又は料金を広く源泉徴収の対象とし、租税徴収の確保を図ったものと解される」、また「同号の趣旨に加え、その文言に照らしても、同号にいう弁護士の業務を弁護士法第3条第1項に規定する訴訟事件等に関する行為その他一般の法律事務を行うことに限定して解すべき理由はなく、上記のとおり弁護士法が弁護士の使命及び職責にかんがみ、弁護士が破産管財人として行う業務は、所得税法第204条第1項第2号にいう弁護士の業務に該当するものと解すべきである」旨判示しています（大阪地判 平18.10.25）。この判示は上告審判決においても支持されています（最判 平23.1.14）。

　資金監査人の業務が弁護士、公認会計士又は税理士の業務に関する報酬又は料金に該当するかどうかについては、弁護士法、公認会計士法又は税理士法（以下「各士業法」といいます。）はそれぞれその資格者の職務や業務の内容を定めています。具体的には、弁護士法は前記のとおりですが、公認会計士法は、他人の求めに応じ報酬を得て、財務書類の監査又は証明をすることを業とするほか、財務書類の調製や財務に関する調査・立案をし、財務に関する相談に応ずることを業とすることができると規定し（同法2①②）、また、税理士法は、他人の求めに応じ、租税に関して①税務代理、②税務書類の作成及び③税務相談の事務を行うことを業とするとされ、これらの事務のほか、財務書類の作成、会計帳簿の記帳代行その他財務に関する事務を業として行うことができると規定されています（同法2①②）。このように、各士業法に規定する業務等には、資金監査人が行う監査等の業務は規定されていません。

　しかしながら、前記の判示に照らせば、所得税法第204条第1項第2号に掲

げる弁護士、公認会計士又は税理士の業務を各士業法に規定する業務に限定しなければならない理由はないと考えられます。したがって、資金監査人の行う政治資金監査や政治資金監査報告書の作成の業務についても、所得税法に規定する弁護士、公認会計士又は税理士の業務に該当すると解されます。

> **Point**
>
> 弁護士や税理士などに対する報酬又は料金の支払者が、これらの者に対し委嘱事項に関連して支払う金銭等であっても、それがその支払者が本来納付すべきものとされている登録免許税、手数料等を弁護士や税理士などが立て替えて支払ったことに充てるためであることが明らかなものについては、源泉徴収の対象とされません（所基通204-11）。

30 報酬・料金等

技術士等の業務の範囲

Q 技術士や技術士補の業務に関する報酬は所得税の源泉徴収の対象とされていますが、技能士や建築設備士、地質調査技士など○○士という資格を有している人やファイナンシャルプランナーなど○○士以外にも資格を有する人がいますがこれらの人に対する報酬について源泉徴収は必要ないのでしょうか。

論点

通常は技術士と技能士などとの業務が重なる部分は少ないと考えられますので、源泉徴収を要する場面は極めて限られると思われますが、技術士の業務に関する報酬に該当しなくても源泉徴収が必要な他の報酬又は料金に該当する場合があります。報酬・料金等に該当するかどうかは、各資格の名称のみにより判定するのではなく、その業務の内容によって判定することになります。

A

1 技術士等の業務に関する報酬又は料金

所得税法では技術士又は技術士補の業務に関する報酬又は料金を源泉徴収の対象とするとともに、技術士又は技術士補以外の者で技術士の行う業務と同一の業務を行う者の業務に関する報酬又は料金についても源泉徴収の対象に含めています(所法204①一、所令320②)。この「技術士又は技術士補以外の者で技術士の行う業務と同一の業務を行う者」とは、技術士法第2条に規定する技術士又は技術士補の資格を有しないで、科学技術(人文科学だけに係るものを除きます。)に関する高等の専門的応用能力を必要とする事項について計画、研究、設計、分析、試験、評価又はこれらに関する指導の業務(他の法律においてその業務を行うことが制限されている業務を除きます。)を行う者をいうとされています(所基通204-18)。ここに示されて

いる業務は技術士法第2条に規定されている技術士の業務とまったく同じとなっています。すなわち、税務の取扱いでは技術士又は技術士補の資格の有無にかかわらず、技術士と同じ内容の業務を行う者については、その業務内容に着目して課税上の取扱いの均衡を図ったものと解されます。一方、技術士補の行う業務と同一の業務を行う者については含められていませんので、報酬・料金等として源泉徴収されることはありません。

　通達の取扱いでは、科学技術のうち人文科学だけに係るものが除かれていますが、技術士法が技術士等の資格を定め、もって科学技術の向上を目的とする法律ですから、人文科学のみに特化されたものは除外する趣旨と思われます。このことは、税務上、業務内容が人文科学と自然科学の双方にまたがるようなものやその区分が曖昧なものは、人文科学の分を含めて全額が源泉徴収の対象になるとの効果をもたらすものと考えられます。また、技術士の業務とされているもののうち、他の法律においてその業務を行うことが制限されている業務は除かれています（所基通204-18（注））。具体的には、電気事業法に規定する主任技術者をはじめとしてガス主任技術者、医師、薬剤師等、食品衛生管理者などの業務は、技術士の行う業務と同一の業務に該当しないので、これらの業務に関する報酬又は料金は源泉徴収の対象とはなりません。

2　技能士、建築設備士などの業務

　報酬・料金等については、所得税法第204条及び同法施行令第320条に掲げられたものだけが源泉徴収の対象となるということはすでに説明しました。その意味では、質問にある技能士や建築設備士、地質調査技士は、源泉徴収の対象にならないということになりますが、各資格について概観してみます。

　技能士は、職業能力開発促進法に規定する職種ごと、等級別に実施される技能検定に合格した者が技能士と称することができるとされています（同法44、50）。この職種は分野ごとに大別すると、建設、窯業・土石、金属加工、一般機械器具、食料品、衣服・繊維製品、木材・木製品・紙加工品、印刷製本などですが、個々の職種の代表的なものを挙げると、ビル設備管理、金属プレス加

工、建築板金、ダイカスト、プリント配線板製造、時計修理、油圧装置調整、和裁、印刷、ウェブデザイン、ファイナンシャル・プランニング、知的財産管理など130種以上もあります（同法施行令②別表1）。それぞれ1級ダイカスト士、2級和裁技能士のように称されています。これら職種の多くは、長年の経験を生かして技術、技能を向上させる職人芸とか熟練工とかいわれる業務内容です。これは技能士制度が、職業に必要な労働者の能力を開発し向上させることで職業の安定と労働者の地位向上を図ることを目的とする法律の趣旨に由来するためと思われます。

建築設備士は建築物の空調・換気設備や給排水衛生設備、電気設備といった建築設備の設計及び工事監理を行う技術者であり、地質調査技士は地質調査業務のうち、現場でボーリングや各種計測・試験を行う知識と技能を有する技術者とされます。

各種技能士や建築設備士、地質調査技士の業務は、前記1の一般に技術コンサルタントと呼ばれている技術士の科学技術に関する高等の専門的応用能力を必要とする業務と重なる部分は極めて少ないと思われます。ただし、業務の内容によっては技術士の業務と同一の業務と認められるものもないとはいい切れませんので、その限りにおいては源泉徴収の対象とされます。

このほかにも、管理栄養士や通訳案内士といった資格、ファイナンシャルプランナーなどの資格についても同様のことがいえます。その資格の名称は所得税法に掲げられていなくてもその業務内容が同法に掲げられている他の資格者等と同じであれば報酬・料金等の範囲に含まれることになります。

つまり、報酬・料金等に該当するかどうかは、各資格の名称のみにより判定するのではなく、その業務の内容によって判定することになります。

第Ⅱ編　源泉徴収制度 Q&A

> **Point**
> 　技能士の業務範囲は多方面にわたっていますので、技術士の業務には含まれないとしても、業務の内容によっては、例えば、ウェブデザイン技能士に対する報酬がデザインの報酬（所基通 204-7）に、ファイナンシャル・プランニング技能士の報酬が企業診断員の業務に関する報酬に該当するというようなことも考えられます（所基通 204-15）。

30　技術士等の業務の範囲

31 報酬・料金等

プロスポーツ選手、外交員報酬等

> **Q** プロスポーツや公営競技の選手の業務に関する報酬又は料金にはどのようなものがあるのでしょうか。また、外交員などの業務に関する報酬又は料金と給与所得者の歩合給との違いがよく分かりません。このほか、これらの業務に関する報酬又は料金について、注意すべき点がありましたら併せて説明してください。

論点

プロスポーツ選手がシーズンオフ等に本来の業務以外の役務提供により受ける報酬がその者の業務に関する報酬又は料金に該当するか否かは、それがプロスポーツ選手としての地位に基づいて支払を受けるものかどうかにより判定します。

A

1 プロスポーツ選手等の業務に関する報酬又は料金の範囲

所得税法及び同法施行令において、スポーツ選手及び公営競技の選手として掲げられているのは、職業野球の選手、職業拳闘家、プロサッカーの選手、プロテニスの選手、プロレスラー、プロゴルファー、プロボウラー、競馬の騎手、自動車のレーサー、自転車競技の選手、小型自動車競走の選手、モーターボート競走の選手です（所法204①四、所令320③）。職業野球の選手とプロサッカーの選手という漢字と片仮名の表記の違いは、昭和27年と平成5年という報酬又は料金として源泉徴収の対象とされた時期の違いを如実に表しています。プロスポーツ選手等の報酬又は料金として源泉徴収の対象となるものを一覧表にしますと次のようになります。

31 プロスポーツ選手、外交員報酬等

区　分	報酬又は料金に該当し源泉徴収の対象となるもの
職業野球の選手	職業野球の選手、監督、コーチャー、トレーナー又はマネージャーに対し、選手契約に定めるところにより支払われるすべての手当、賞金品（所基通204-20）
職業拳闘家	ファイトマネー、賞金品その他の業務に関する報酬若しくは料金
プロサッカーの選手	出場給、特別給、賞金、手当、サッカー用具の試合使用による報酬、スクール指導業務による報酬などその業務に関して受けるもの
プロテニスの選手	入賞賞金、出場料、メーカー等への所属契約に係る報酬、スクール指導業務に係る報酬
プロレスラー	ファイトマネー、賞金品その他その業務に関して受けるすべての報酬又は料金
プロゴルファー	賞金品、手当その他その業務に関して受ける報酬等
プロボウラー	賞金品、手当その他その業務に関して受ける報酬等
競馬の騎手	普通賞金、特別賞金、寄贈賞、特別賞（先頭賞、記録賞、敢闘賞、副賞）その他競技に出場することにより受けるすべての金品
自動車のレーサー	その業務に関して受けるべき賞金品、手当その他の報酬又は料金
自転車競技の選手	普通賞金、特別賞金、寄贈賞、特別賞（先頭賞、記録賞、敢闘賞、副賞）その他競技に出場することにより受けるすべての金品
小型自動車競走の選手	普通賞金、特別賞金、寄贈賞、特別賞（先頭賞、記録賞、敢闘賞、副賞）その他競技に出場することにより受けるすべての金品
モーターボート競走の選手	出走手当、普通賞金、特別賞金、寄贈賞、特別賞（先頭賞、記録賞、敢闘賞、副賞）その他競技に出場することにより受けるすべての金品

　プロサッカーの選手には財団法人日本サッカー協会にプロ選手登録している選手のほかいわゆるセミプロ等が、競技により報酬等の支払を受ける者が含まれ、プロテニスの選手には財団法人日本テニス協会にプロフェッショナルとして登録されている選手のほか、競技等の役務を提供することにより報酬等を受ける者も含まれます。また、自動車のレーサーには、自動車の競走及び競技に出場する者をいいますから、四輪自動車のレーサーのほか、二輪自動車及び三輪自動車のレーサーも含まれることになります（所基通204-20の2）。

2 本来業務との関連性

スポーツ選手等が本業である試合やレースに出場することにより支払われる報酬等が、各スポーツ競技等の選手の業務に関する報酬又は料金に該当することは容易に判断できますが、次のような報酬等はどうでしょうか。

(1) プロスポーツ選手に官公庁等が「一日署長」等の委嘱をし、その謝礼として支払われる報酬
(2) プロスポーツ選手が紳士服メーカーからスーツのモデルとして起用され支払われる報酬
(3) プロスポーツ選手がテレビ局の有名人かくし芸大会に出演したことにより支払われる出演料
(4) プロスポーツ選手のサイン会や握手会に参加したことにより支払われる報酬
(5) プロスポーツ選手に少年スポーツ教室における指導を依頼したことにより支払われる報酬

結論としては(4)及び(5)がプロスポーツ選手の業務に関する報酬又は料金に該当しますが、(1)から(3)までは該当しません。プロスポーツ選手の業務に関する報酬又は料金に該当するかどうかは、その役務提供の対価である報酬とその選手の業務との関連性の有無により判断することになります。一般的にはプロスポーツ選手の地位に基づいて支払を受ける報酬等はプロスポーツ選手の業務に関する報酬又は料金になります。その意味では(1)から(3)までは有名人ゆえに支払を受けるもので、プロスポーツ選手として有名であるとしても選手本来の業務との関連性は極めて薄いといわざるを得ません。

なお、プロスポーツ選手の業務に関する報酬又は料金に該当しないものであっても、放送謝金やモデルの報酬、出演料等の他の報酬・料金等に該当するものは、それぞれ該当する報酬・料金等としての源泉徴収が必要となります。

3 外交員等の報酬又は料金

一般に外交員とは、①事業主の委託を受け、②継続的に事業主の商品等の勧

誘を行い、③購入者と事業主との間の売買契約の締結を媒介する役務を自己の計算において事業主に提供し、④その報酬が商品等の販売高に応じて定められている者と解するのが相当であるとされていますが（水戸地判 平13.4.24）、保険外交員にみられるように、通常、専属的な役務提供契約に基づいて報酬を得ています。そこで、外交員報酬と歩合給制の給与所得との区分が難しくなりますが、給与所得は雇用関係又はこれに類する関係に基づく人的役務の提供に対する報酬であり、非独立的あるいは従属的労働の対価であるといえます。その意味で、前記③の要素が両者を区分するメルクマールとなります。また、外交員の報酬には、製造業者や卸売業者が特約店等に専属するセールスマン又は専ら自己の製品等を取り扱う特約店等の従業員等に対し、その取扱数量又は取扱金額に応じてあらかじめ定められているところにより交付する金員も該当することとされます（所基通204-22の2）。

なお、集金人及び電力量計の検針人の業務に関する報酬又は料金についても外交員と同様に源泉徴収の対象とされます。

> **Point**
>
> 外交員報酬について徴収すべき税額の計算に当たっては、同一人にその月中に支払われる金額から12万円を控除した後の金額に税率を乗じて計算しますが、この「同一人にその月中に支払われる金額」とは、同一人に対しその月中に支払われるべき金額をいいます。そして、その金額の計算の基礎となった期間が1か月を超え、かつ、その期間が明示されている場合には、その計算の基礎となった期間に応じ各月分ごとに区分した金額を、それぞれその月中に支払われた金額として差し支えないとされています。

32 報酬・料金等

芸能関係の報酬又は料金

Q 芸能人にその役務提供の対価を支払う場合には、源泉徴収が必要であると聞きましたが、その芸能人にはどのような人が含まれるのでしょうか、また、芸能人に直接支払うのではなく間に入った人を通じて支払う場合にも源泉徴収は必要なのでしょうか。

論点 所定の芸能やテレビジョン放送等の出演、演出又は企画に対する報酬又は料金のほか、いわゆる芸能プロダクションといわれる芸能人の役務の提供を内容とする事業を行う人が、芸能人をあっせんし、供給すること等により受ける報酬又は料金も源泉徴収の対象となります。

A

1 芸能報酬の課税の概要

芸能人が直接又は間接に支払を受けるその役務の提供に係る報酬又は料金で源泉徴収の対象とされるのは、①映画、演劇その他の芸能の提供者、すなわち芸能人自身が支払を受けるものと、②芸能人の役務提供事業を行う居住者のその役務提供に関するものとがあります。

これについて、所得税法は、居住者に対し国内において、次に掲げる報酬又は料金の支払をする者は、その支払の際、その報酬又は料金について所得税を徴収し、その徴収の日の属する月の翌月10日までに、これを国に納付しなければならないとしています（所法204①五、所令320④⑤）。

(1) 映画、演劇、音楽、音曲、舞踊、講談、落語、浪曲、漫談、漫才、腹話術、歌唱、奇術、曲芸若しくは物まね又はラジオ放送若しくはテレビジョン放送に係る出演、演出又は企画の報酬又は料金

(2) 映画若しくは演劇の俳優、映画監督若しくは舞台監督（プロデューサー

を含みます。)、演出家、放送演技者、音楽指揮者、楽士、舞踊家、講談師、落語家、浪曲家、漫談家、漫才家、腹話術師、歌手、奇術師、曲芸師又は物まね師の役務の提供を内容とする事業に係るその役務の提供に関する報酬又は料金

2 芸能等の出演、演出等の報酬又は料金

　前記1の(1)に掲げる芸能のうち演出の報酬又は料金には、指揮、監督、映画若しくは演劇の製作、振付け（剣技指導その他これに類するものを含みます。)、舞台装置、照明、撮影、演奏、録音（擬音効果を含みます。)、編集、美粧又は考証の報酬又は料金が含まれますし（所令320④）、この映画又は演劇の製作又は編集の報酬又は料金には、映画又は演劇の監修料（カット料）又は選曲料も含まれることとされています（所基通204-26）。

　また、クイズ放送又はいわゆるのど自慢放送の審査員に対する報酬又は料金も、審査員は出演者としての役割を果たしていると認められるため、ラジオ放送又はテレビジョン放送に係る出演の報酬又は料金に含まれることとされています（所基通204-24）。

　なお、視聴者参加番組であるいわゆる素人のクイズ放送又はのど自慢放送の出演者に、番組の主催者や提供者等から支払われる賞金品等は、ラジオ又はテレビジョン放送に係る出演の報酬又は料金には該当しませんが、広告宣伝のための賞金に該当するものとして源泉徴収の対象とされています（所基通204-32）。

　一方、料理屋、旅館等における特定の客（団体客を含みます。）の求めに応じ、日本舞踊、三味線等の伎芸をもってその客に対し単に酒興を添えるために軽易な芸を披露した者（その料理屋、旅館等に専属している者又は常時出演している者など芸能を披露することを本来の業務としている者を除きます。）に対し、その客が直接に又はその料理屋、旅館等を通じて支払うその報酬又は料金は、前記1の(1)の報酬又は料金には含まれないものとされています（所基通204-25）。

3 芸能人の役務提供事業を行う者のその役務提供に関する報酬又は料金

前記1の(2)の芸能人の役務の提供を内容とする事業に係るその役務の提供に関する報酬又は料金についての源泉徴収は、次の4要件のすべてを備えているものに限り行われることとされています。すなわち、

① 居住者に対して支払われるものであること。
② 芸能人の役務の提供を内容とする事業に係るその役務の提供に関して支払われるものであること。
③ 源泉徴収の免除証明書の提示のない居住者に支払われるものであること。
④ 不特定多数の者が支払うものでないこと。

これらの要件についてそれぞれその内容を補足しますと次のとおりです。

(1) 居住者に対して支払われるものであること

芸能人の役務の提供事業を行っている者は、法人、個人を問わず一般に芸能プロダクションや芸能事務所といわれていますが、これらの者に対して芸能人の役務の提供に関する報酬又は料金の支払をする者が、源泉徴収をしなければならないのは個人である居住者の場合だけとされています。

(注) 内国法人については、昭和39年6月1日以後平成15年3月31日までの間に支払われる芸能人の役務の提供に関する報酬又は料金について源泉徴収の対象とされていました。また、非居住者又は外国法人については、その報酬又は料金が国内源泉所得に該当する場合には他の条項により源泉徴収の対象とされます（所法161二、八、212①）。

なお、芸能人の役務の提供を内容とする事業を営む者が自ら出演するとともに他の芸能人の役務を提供した場合に受ける報酬又は料金もこの報酬又は料金に含まれます（所基通204-27）。つまり、芸能人の役務の提供を内容とする事業を営む居住者であれば、その居住者が自ら出演等をするかどうかは問わないということになります。

(2) 芸能人の役務の提供を内容とする事業に係るその役務の提供に関して支払われるものであること

「芸能人の役務の提供を内容とする事業に係るその役務の提供に関して支払われるもの」とは、不特定多数の者から受けるものを除き、芸能人の役務の提供に関して受ける対価たる性質を有する一切のものをいうこととされていますので、その報酬又は料金には、演劇を製作して提供する対価及び芸能人を他の劇団、楽団等に供給し、又は芸能人の出演をあっせんすることにより受ける対価はもちろん、次に掲げるようなものも含まれます（所基通204-28）。

　イ　テレビジョン、ラジオ放送中継料又は雑誌、カレンダー等にその容姿を掲載させるなどのために芸能人を供給したり、あっせんすることにより受ける対価

　ロ　芸能人の実演の録音、録画、放送又は有線放送につき著作隣接権の対価として受けるもの（その実演に係る録音物の増製又は著作権法第94条第1項各号《放送のための固定物等による放送》に掲げる放送につき支払を受けるもので、その実演に係る役務の提供に対する対価と併せて支払を受けるもの以外のものを除きます。）

　ハ　大道具、小道具、衣装、かつら等の使用による損耗の補てんに充てるための道具代、衣装代等又は犬、猿等の動物の出演料等として受けるもの（これらの物だけを貸与し、又はこれらの動物だけを出演させることにより受ける対価を除きます。）

個人事業主に所属する芸能人が自ら作曲しその曲目の演奏を指揮したこと又は自ら脚本を作成しその演出を行ったこと等により、その事業主が受けるその報酬又は料金については、その報酬又は料金が契約上、作曲料、脚本料等のような著作権の対価に相当する部分と、出演料等のような役務の対価（録音、録画等の対価を含みます。）に相当する部分とに明確に区分して支払われ、かつ、それぞれの評価が適正に行われていると認められる場合には、役務の対価に相当する部分だけが、芸能人の役務の提供に関する報酬又は料金に該当するものとされ、その他の場合には、そのすべてが芸能人の役務の提供に関する報酬又は料金に該当するものとされます（所基通204-28の2）。

すなわち、区分が不明確だったり、著作権部分との配分が適正でなかったりした場合には、報酬又は料金の全額が芸能人の役務の提供に関する報酬又は料金として源泉徴収の対象とされます。

また、映画、レコードの製作を依頼した場合に製作者に支払うその製作の対価又は広告宣伝などの放送若しくは印刷物の作成、頒布を依頼した場合に、放送業者、広告業者に対して支払うその放送若しくは印刷物の作成、頒布の対価は、たとえその対価の構成部分に芸能人の役務の提供に関する報酬又は料金が含まれている場合であっても、その全額が芸能人の役務の提供に関する報酬又は料金には該当しないものとされます(所基通204-28の3)。この場合には、映画、レコードの製作者、放送業者又は広告業者等で、その製作、放送又は印刷物の作成のために芸能人の役務の提供を受けたものが、その提供に関する報酬又は料金を支払う際には、前記1の(1)又は2により源泉徴収を行うことになります(所基通204-28の3(注))。

(3) 源泉徴収の免除証明書の提示のない居住者に支払われるものであること

芸能人の役務の提供に関する報酬又は料金であっても、その支払を受ける者が、自ら主催して演劇の公演を行っていることと等の要件を備えているため源泉徴収を要しないものであることについての納税地の所轄税務署長の証明書の交付を受け、その証明書が効力を有している間にこれを提示して支払を受ける報酬又は料金については、源泉徴収は不要とされていますので(所法206)、源泉徴収の免除証明書の提示がない者に支払われるものということが源泉徴収の要件となります。

(4) 不特定多数の者が支払うものでないこと

芸能人の役務の提供に関する報酬又は料金であっても、それが不特定多数の者から支払を受けるものである場合には源泉徴収の対象とされませんが、この不特定多数の者から受けるものとは、自ら主催して演劇その他の芸能の公演を行う場合に観客等から受ける入場料、観覧料等をいうものとされます(所基通204-28の4)。つまり、一般の観客が自己の支払う入場料等につい

て所得税の源泉徴収をするという制度は、事実上不可能に近く制度になじまないため源泉徴収の対象から除かれているものです。このため、不特定多数の者が支払う報酬又は料金でないことが要件とされています。

また、芸能人の役務の提供を内容する事業を行う者が、自ら主催して演劇その他の芸能の公演を行う場合において、その公演に係る客席等の全部又は一部の貸切契約を締結することにより支払を受けるその貸切契約に係る対価（興行場等の経営者又は主催者が、いずれの名義でするかを問わず興行場等の入場者から領収すべきその入場の対価をいいます。）も、不特定多数の者から受けるものに該当するものとして取り扱われます（所基通204-28の4）。

Point

報酬又は料金の性質を有するものについては、取材費、車賃等その名義のいかんを問わず報酬又は料金に該当するものとして取り扱われますが（所基通204-2）、テレビジョン放送又はラジオ放送に通常出演することを業としている者及びこれらに準ずる者以外の者に支払う交通費については、1回に支払う出演料が5万円以下であれば、源泉徴収の対象から除かれています（昭58直法6-5）。

33 報酬・料金等

ホステス等の報酬

Q ホステスに支払う報酬については、他の報酬・料金に比べて特別な取扱いがあると聞きましたがどういうものをいうのでしょうか。

論点

ホステス等の業務に関する報酬又は料金について源泉徴収を行う際に、その支払金額から控除する控除額の計算は、5,000円に支払金額の計算期間の初日から末日までの全日数を乗じて行います。

A

1 ホステス等の業務に関する報酬又は料金

ホステス等の業務に関する報酬又は料金について、所得税法第204条第1項第6号は「キャバレー、ナイトクラブ、バーその他これらに類する施設でフロアにおいて客にダンスをさせ又は客に接待をして遊興若しくは飲食をさせるものにおいて客に侍してその接待をすることを業務とするホステスその他の者（以下この条において「ホステス等」という。）のその業務に関する報酬又は料金」と規定しており、同条第1項柱書によりこの報酬又は料金の支払者は、その支払の際、所得税を徴収し、納付しなければならないとされています。

また、租税特別措置法においては、ホテル、旅館、飲食店その他飲食をする場所で行われる飲食を伴うパーティー、催物その他の会合において、専ら接待その他の客をもてなすための役務の提供を行うことを業務とするホステスその他の者（以下「バンケットホステス等」といいます。）をこれらの場所に派遣して当該業務を行わせることを内容とする事業を営む者が、そのバンケットホステス等である居住者に対し国内においてその業務に関する報酬又は料金を支払う場合には、その報酬又は料金は、所得税法第204条第1項第6号に掲げる

報酬又は料金とみなして、同法の規定を適用することとされています（措法41の20①、措令26の29①）。

なお、ホステス等及びバンケットホステス等のいずれも給与所得者に該当しない場合に限り、この報酬又は料金としての源泉徴収が適用されます（所法204②一）。

2 取扱いの特長

ホステス等の報酬又は料金について特別な取扱いがあるというより、他の報酬又は料金と比べていくつか特長的なことが挙げられます。

⑴ まず、第27問の1の⑶においても説明しましたが、通常、給与の支払のない個人が支払う報酬・料金等については、源泉徴収が不要とされていますが、個人であるバー等の経営者やバンケットホステスの派遣業者が支払う場合には、たとえ給与の支払がない場合であっても源泉徴収をしなければならないとされていることが挙げられます（所法204②二）。

⑵ 次に、徴収すべき所得税額の計算に当たっては、その支払金額から5千円にその支払金額の計算期間の日数を乗じて計算した金額を控除することとなっています。この控除額は、ホステス等の出勤に伴う必要経費に相当するものであるとの説明がされているようです。このため実務上は、バー等の閉店日数やホステス等の欠勤した日数の合計あるいは後者の日数のみを計算期間の全日数から差し引いて計算することが一般に行われていたようです。しかし、この点について、この支払金額の計算期間の日数は、その期間の初日から末日までの全日数と解すべきであるとの文字どおりの解釈が最高裁判決で示されました（最判 平22.3.2）ので、その期間中の閉店日数やホステス等の欠勤日数に関係なく、5千円に計算期間の全日数を乗じて計算した金額をその支払金額から控除した残額について10％の税率を乗じて税額を算出することになります。

したがって、例えば、ホステスの勤務状況が次のような場合、ホステス報酬の支払金額から控除する金額は5,000円に支払金額の計算期間の総日

数を乗じて計算した金額となります。

支払金額の計算期間	総日数	バーの休日	欠勤日数	出勤日数	控除金額
1日から15日	15日	2日	2日	11日	5,000円×15日
16日から末日	16日	2日	4日	10日	5,000円×16日

　この場合、従前は欠勤日数やバーの休日を支払金額の計算期間の日数から控除した日数を5,000円に乗じて、5,000円×11日又は5,000円×10日として計算されることがありました。
(3)　なお、ホステス等の報酬又は料金の支払者が源泉所得税の納期の特例の適用を受けている場合であっても、税理士等の報酬又は料金の場合と異なり、そのホステス等の報酬又は料金については納期の特例の適用はありません。したがって、ホステス等の報酬又は料金を半年分をまとめて納付することはできませんので、支払った月の翌月10日までに納付しなければなりません（所法216）。

3　バンケットホステス等の業務に関する報酬又は料金

　バンケットホステス等と前記のホステス等とのいずれの業務に関する報酬又は料金も同一の課税上の取扱いとされましたが、ホステス等がキャバレー、ナイトクラブ、バー等のフロアにおいて客にダンスをさせたり、客に接待をして遊興や飲食をさせる施設で客に仕えて接待を行う者であるのに対し、バンケットホステス等は、ホテル、旅館、飲食店その他飲食をする場所（臨時に設けられたものを含みます。）で行われるパーティーや催物、会合において、客と談笑したり、酌や給仕等の接待を行う者をいうとされています。したがって、このバンケットホステス等には、日本舞踊や三味線等の伎芸をもって客に接し酒席や宴席に興を添えることを業務とするいわゆる芸妓や芸者、幇間のような者及び配膳人やバーテンダーは該当しないものとされています（措通41の20-1）。また、バンケットホステス等が接待を行う飲食する場所というのは、飲食をするための常設の施設や場所に限られませんので、会議室あるいは屋外の式場や

花見会場等であっても飲食を伴うものであればこれに該当することになります（措通41の20-3）。

なお、バンケットホステスは、バンケットコンパニオンあるいは単にコンパニオンとも呼ばれています。

4　アルバイトホステスや引抜料の取扱い

学生などのアルバイトがホステスやバンケットホステスとしてその業務に従事している場合に、このアルバイトが支払を受ける報酬はホステス等の報酬又は料金に該当するのか給与所得に該当するのかですが、他のホステスと同一の業務を行っている場合にはホステス等の報酬又は料金に該当すると考えられます。つまり、専従しているかどうかや勤務期間の長短には関係ありません。

ホステス業界では、他店のホステスを自店へ引き抜くことが少なからず行われているようですが、自店のホステスが他店のホステスを自店に入店させた場合に、その自店のホステスに対して支払う報酬は、ホステス等の業務に関する報酬には該当しませんので、源泉徴収を行う必要はありません。

Point

ホステス等とは「客に侍してその接待をすることを業務とする者」をいいますから、女性のみに限られるわけではありませんが、ボーイやバーテンダーなどは、その職務内容及び報酬の形態等からして、ホステス等には該当しません。一般的には給与所得者に該当する例が多いと思われます。

34 報酬・料金等

引抜料又はスカウト料

> **Q** いわゆる引抜料やスカウト料、支度金については、報酬・料金等のうちの契約金として所得税の源泉徴収が必要であるということを聞きました。
>
> 当店のホステスが同業他店からの引き抜きにあい退職を申し出てきましたが、300万円を支払うことを条件に、引き続き当店で勤務することになりました。この300万円は引抜料とも違いますのでどのように処理すればよいでしょうか。

論点 現に専属している者以外の者のために役務を提供しないことを約して支払を受ける一時金も契約金として源泉徴収の対象になります。

A

1 引抜料等の契約金の範囲

所得税の源泉徴収を要する契約金とは、職業野球の選手その他一定の者に専属して役務の提供をする者で、その一定の者のために役務を提供し、又はそれ以外の者のために役務を提供しないことを約することにより一時に受ける契約金をいうものとされています（所法204①七、所令320⑥）。したがって、自社で役務提供をさせるため他社から招へいする際に支払う引抜料やスカウト料、支度金だけでなく、他社で役務提供することを防止するために支払ういわゆる慰留金も、所得税法第204条第1項第7号に掲げる契約金に含まれます。

質問のケースの場合、他店へ引き抜かれるのを防止し、引き続き自店に勤務することを約するために支払われる慰留金に該当しますので、契約金として源泉徴収の対象となります。

なお、ここでいう契約金には、役務の提供の対価が給与等とされる者がその

役務の提供契約を締結するに際して支払を受ける契約金も含まれます。しかし、この契約金は、雑所得となりますので（所基通35-1の(10)、204-29）、年末調整の対象にはなりません。契約金の支払を受けた者が確定申告によって精算すきことになります。

また、この契約金は所得税法第2条第1項第24号（(定義)）に規定する臨時所得に該当する場合があることに留意する必要があります。

(注) 臨時所得がある場合には一定の要件を満たせば平均課税の適用が受けられ税額の軽減が図られます（所法2①二十四、90）。

2 その他の契約金

前記1の契約金には、一定の者のために役務を提供し又はそれ以外の者のために役務を提供しないことを約することにより一時に支払を受ける契約金、支度金、移転料等のすべてのものが含まれますが、その役務の提供の対価が給与等とされる者の就職に伴う転居のための費用で、他の契約金と明確に区分して支払われ、かつ、所得税法第9条第1項第4号に掲げる非課税とされる旅費に該当すると認められるものについては、契約金の範囲から除かれます（所基通204-30）。

3 源泉徴収の方法

通常は、契約金を支払う際に源泉徴収を行いますが、例えば、1年以上勤務することを条件として契約金を支払うこととしている場合の源泉徴収の時期は、経理処理は支払の段階では仮払金としておき、1年経過後に経費（損金）処理するような場合でも、支払の段階で源泉徴収をしなければなりません。これは所得税法では、その支払の際に所得税を徴収することとされていますので、経理処理が仮払かどうかにかかわらず支払の際に源泉徴収が必要です。

所得税法第204条第1項第7号に規定する契約金については、その支払の際、その支払金額の10％（1回の支払金額が100万円を超える場合には、100万円までの部分については10％、100万円を超える部分については20％）に相当

する所得税を源泉徴収することとされています（所法204①、205一）。

したがって、質問の場合の源泉徴収税額は次の算式により求めた50万円となります。

100万円×10％＋（300万円－100万円）×20％＝50万円

Point

優秀な給与所得者がライバル企業などからいわゆるヘッドハンティングにより支払を受ける一時金はまさに引抜料やスカウト料として契約金に該当します。

35 非居住者及び外国法人等

非居住者の国内源泉所得と源泉徴収対象所得の範囲

Q 非居住者については、国内源泉所得のみが課税の対象となるそうですが、その範囲や課税方法はどのようになっていますか。

論点
非居住者に対しては、国内源泉所得のみがその課税の対象とされており、その非居住者がわが国に恒久的施設を有しているかいないかの別、また、その所得の種類によって課税方法が異なっています。

A　1　非居住者の区分と国内源泉所得の範囲

所得税法においては、個人を居住者と非居住者とに大別してそれぞれその課税所得の範囲を規定しています（所法7①一～三）。この居住者と非居住者との区分は第Ⅰ編の6で述べましたが、居住者とは、国内に住所を有し、又は現在まで引き続いて1年以上居所を有する個人をいい、非居住者とは、居住者以外の個人をいうとされています（所法2①三、五）。また、国外に居住することとなった個人が、国外において継続して1年以上居住することを通常必要とする職業を有する場合には、国内に住所を有しない者と推定され、非居住者として取り扱われることになります。したがって、給与所得者が1年以上の予定で海外勤務をする場合には出国の翌日から非居住者とされ、海外勤務期間中は非居住者としての課税を受けることになります。

非居住者については、その課税所得の範囲は所得税法第161条第1号から第12号までに掲げられている国内源泉所得に限られますが、その非居住者が恒久的施設を有しているか否かあるいはその恒久的施設の区分に応じて課税の範囲や課税の方法が異なっています（所法164）。

(注) 国内源泉所得の内容は第Ⅰ編の6の(5)を参照してください。

2　恒久的施設

　恒久的施設は英語の頭文字をとってPE（＝permanent establishment：ピーイー）と略称されることが一般的です。この恒久的施設については、所得税法第164条第1項に規定されていますが、非居住者の支店、営業所、工場等のように国内における事業の拠点となる施設や建設作業所、代理人をいいます。

3　総合課税の対象となる所得

　非居住者の恒久的施設の有無及び恒久的施設を有する場合の次の区分に応じ、それぞれ次の国内源泉所得が総合課税の対象とされます（所法164①）。そして、(1)から(3)までが恒久的施設を有する非居住者といい、(4)が恒久的施設を有しない非居住者といいますが、各非居住者をその規定されている所得税法第164条第1項の号に合わせて、(1)から(3)までを順次1号PE、2号PE及び3号PEと呼び、(4)をPEないし4号PEと呼ぶことが多いようです。
　(1)　国内に支店、工場その他事業を行う一定の場所を有する非居住者…すべての国内源泉所得
　(2)　国内において建設作業等を1年を超えて行う非居住者…次のイ及びロに掲げる国内源泉所得
　　イ　次に掲げる国内源泉所得
　　　①　事業及び資産の運用・保有等の所得
　　　②　組合契約事業利益の配分
　　　③　土地等の譲渡による対価
　　　④　人的役務提供事業の対価
　　　⑤　不動産の賃貸料等
　　ロ　次に掲げる国内源泉所得のうち国内における事業に帰せられるもの
　　　①　利子等
　　　②　配当等

③ 貸付金の利子
④ 工業所有権等の使用料又は対価
⑤ 給与等の人的役務提供の報酬等
⑥ 事業の広告宣伝のための賞金
⑦ 生命保険契約等に基づく年金
⑧ 定期積金の給付補てん金等
⑨ 匿名組合契約等に基づく利益の分配
(3) 国内に自己のために契約を締結する権限のある者（代理人）を置く非居住者…上記(2)に同じ。
(4) (1)～(3)以外の非居住者、つまり恒久的施設を有しない非居住者…次のイ及びロに掲げる国内源泉所得
　イ　事業及び資産の運用・保有等の所得並びに土地等の譲渡による対価のうち、国内にある資産の運用若しくは保有又は国内にある不動産の譲渡により生ずるもの等
　ロ　人的役務提供事業の対価及び不動産の賃貸料等

4　分離課税の対象となる所得

次の非居住者について、それぞれ次の国内源泉所得が分離課税の対象とされます（所法164②）。
(1) 国内において建設作業等を1年を超えて行う非居住者及び国内に自己のために契約を締結する権限のある者（代理人）を置く非居住者…上記3の(2)のロの①から⑨までに掲げる国内源泉所得のうち国内における事業に帰せられないもの
(2) 恒久的施設を有しない非居住者…上記3の(2)のロの①から⑨までに掲げる国内源泉所得

5　源泉徴収の対象となる所得及び源泉徴収税率

非居住者の課税対象である所得税法第161条に掲げる国内源泉所得のうち、

非居住者に対する課税関係の概要

非居住者の区分 (所法164①) / 所得の種類 (所法161)	国内に恒久的施設を有する者		国内に恒久的施設を有しない者 (所法164①四)	源泉徴収 (所法212①、213①)
	支店その他事業を行う一定の場所を有する者 (所法164①一)	1年を超える建設作業等を行い又は一定の要件を備える代理人等を有する者 (所法164①二、三)		
事業の所得 (所法161一)	【総合課税】		【非課税】	無
資産の所得 (〃 一)			【総合課税】	無
その他の国内源泉所得 (〃 一)	(所法164①一)	(所法164①二、三)	(所法164①四)	無
組合契約事業利益の配分 (〃 一の二)	【源泉徴収のうえ総合課税】		【非課税】	20%
土地等の譲渡対価 (〃 一の三)				10%
人的役務の提供事業の対価 (〃 二)	(所法164①一)	(所法164①二、三)	(所法164①四)	20%
不動産の賃貸料等 (〃 三)				20%
利子等 (〃 四)	【源泉徴収のうえ総合課税】 〔国内事業に帰せられるもの〕		【源泉分離課税】 〔国内事業に帰せられないもの〕	15%
配当等 (〃 五)				20%
貸付金利子 (〃 六)				20%
使用料等 (〃 七)				20%
給与その他人的役務の提供に対する報酬、公的年金等、退職手当等 (〃 八)				20%
事業の広告宣伝のための賞金 (〃 九)				20%
生命保険契約に基づく年金等 (〃 十)				20%
定期積金の給付補てん金等 (〃 十一)				15%
匿名組合契約等に基づく利益の分配 (〃 十二)	(所法164①一)	(所法164①二、三)	(所法164②一)	(所法164②二) 20%

(注) 網かけ部分が総合課税の対象です。

同条第1号の事業及び資産の運用・保有等の所得以外の所得(恒久的施設を有しない非居住者については、同条第1号の2の組合契約事業利益の配分を除きます。)については所得税の源泉徴収が行われます(所法212①)。その税率は、所得の種類に応じ10%、15%及び20%とされています(所法213①)。

以上、これらの課税関係をまとめると前頁のとおりとなります(所基通164–1)。

6 租税条約の適用

日本は現在多くの国と租税条約を締結して二重課税を防止することに努めていますが、これらの締約国との間の条約により国内源泉所得について国内法の定めと異なる定めがされていることがあります。この場合には、国内源泉所得はその異なる定めがある限りにおいてその条約の定めるところによることとなっています(所法162)。すなわち条約の規定を国内法に置き換えて適用することになりますが、具体的には所得源泉地や所得区分の判定があります。

Point

外国法人に対する所得税の課税についても基本的に非居住者とほぼ同様となります。

非居住者が租税条約の相手国の居住者である場合には、国内法だけでなくその相手国との租税条約の内容を検討して課税関係を判断する必要があります。

36 非居住者及び外国法人等

非居住者から店舗併用住宅を取得する場合の源泉徴収

> **Q** 同業の友人が海外で他の友人と事業を始めるため3年間の予定で出国することとなり、彼の所有する建物(店舗併用住宅)を賃借することになりました。友人からは、海外での事業が順調にいけば来年にもその建物を買い取ってほしいといわれていますが、海外居住者に建物の賃借料を支払ったり、買取代金を支払うに当たり何か注意することがありますか。
>
> なお、家賃は20万円、購入代金は建物及びその敷地と合わせて7千万円程度となる予定です。

論点

非居住者に支払う賃借料及び非居住者から譲り受ける土地等の対価については、原則としていずれも所得税の源泉徴収が必要となります。ただし、自己の居住の用に供する部分については、源泉徴収は不要です。

A 友人は海外で事業を開始するため3年間の予定で出国するということですので、特に反証がなければ、「国外に居住することとなった個人が、国外において継続して1年以上居住することを通常必要とする職業を有する場合には、国内に住所を有しない者と推定する」との規定が適用されますので(所令15)、非居住者として取り扱われることになります。したがって、非居住者である友人は、国内源泉所得のみが課税の対象となります。

1 国内源泉所得

非居住者の課税対象とされる国内源泉所得は所得税法第161条第1号から第

12号までに掲げられていますが、国内にある不動産の貸付けによる対価（以下「不動産の賃貸料」といいます。）は同条第3号に、国内にある土地・建物等の譲渡による対価（以下「土地等の譲渡対価」といいます。）は同条第1号の3に掲げられていますので、いずれも国内源泉所得に該当します。そして、国内源泉所得のうち第1号に掲げられている事業及び資産の運用・保有等の所得を除き、他の国内源泉所得についてその支払者は所得税の源泉徴収をしなければならないとされています（所法212①）。そして、これら国内源泉所得について徴収すべき所得税の額は、不動産の賃貸料については100分の20の税率を、土地等の譲渡対価については、100分の10の税率を乗じて計算した金額とされています（所法213①一、二）。

2 不動産の賃貸料

不動産の賃貸料については1のとおり国内源泉所得に該当しますので、その支払をする者は、その支払の際、その支払金額について所得税を源泉徴収しなければなりませんが、非居住者が有する土地家屋等に対する賃貸料で、その土地家屋等を自己又はその親族の居住の用に供するため借り受けた個人から支払われるものについては、源泉徴収は不要とされています（所令328二）。ただし、この居住の用に供するためとは、専ら自己又はその親族の居住の用に供している個人から支払われるものをいいますので、借り受けた土地家屋等を居住の用と事業の用又は貸付けの用とに併用しているような個人が支払う対価については、居住の用に供している部分の対価も含めた総額について源泉徴収の対象とする必要があります（所基通212-2）。

3 土地等の譲渡対価

上記1の土地等の譲渡対価は国内源泉所得に該当しますので、その支払をする者は、その支払の際、その支払金額について所得税を源泉徴収しなければなりません。しかし、土地等の譲渡対価が1億円以下で、その土地等を自己又はその親族の居住の用に供するために譲り受けた個人から支払われるものは、所

得税法第161条第1号の3の国内源泉所得の範囲から除かれています。したがって、これに該当するものは、同条第1号の資産の譲渡による所得に該当し源泉徴収の対象となりません。

この場合、譲渡対価の金額が1億円を超えるかどうかの判定に当たっては、例えば、その土地等を居住の用と居住の用以外の用とに供するために譲り受けた個人から支払われるものである場合には、居住の用に供する部分に係る対価の金額及び居住の用以外の用に供する部分に係る対価の金額の合計額により判定することとされています（所基通161-7の3）。したがって、個人が非居住者から取得する国内にある土地等の対価が1億円を超える場合には、その用途にかかわらず所得税の源泉徴収が必要となります。一方、自己又はその親族の居住の用以外に供するため、つまり事業の用若しくは貸付けの用その他居住の用以外の用に供するため又は他への譲渡のために譲り受けた場合には、その対価が1億円以下であっても所得税の源泉徴収が必要となります。しかし、例えば、その土地等を譲り受けた後居住の用に供していない場合でも、その土地等を譲り受けるときの現況において自己又はその親族の居住の用に供するために譲り受けたことについて、合理的な理由があるときはこれに含まれることとして取り扱われます（所基通161-7の2）。

4　自己の居住の用に供するために譲り受けた個人

そこで、店舗併用住宅のように居住の用と居住の用以外の用に供している部分がある場合に、これが居住の用といえるのかとの疑問が生じますが、所得税法施行令第281条の3では「自己又はその親族の居住の用に供するために譲り受けた個人から支払われる対価」を除くとされていますので、次のとおりいくつか考え方があります。

(1)　居住の用以外の用に供している部分が一部でもある場合には、居住の用に該当しない。

(2)　居住の用に供している部分が一部（50％未満）でもある場合には、居住の用に該当する。

(3) 居住の用に供している部分が主たる用途である場合には、全部が居住の用に該当する。

(4) 居住の用に供している部分のみが、居住の用に該当する。

(1)については、ごく一部の僅かな部分でも居住の用以外の用に供する部分があるからということで、源泉徴収の対象とするのは酷と考えられます。

(2)については、制度導入の趣旨に照らして適当でないと考えられます。

(3)については、その取得の主たる用途により判定するため客観性があり、(1)及び(2)より合理性があると認められます。この場合、その家屋の床面積の2分の1以上を居住の用に供する場合には、居住の用に供するために取得したものと扱うのが相当と考えられます。

(4)については、譲渡対価の金額が1億円を超えるかどうかの判定に当たって、居住の用に供する部分及び居住の用以外の用に供する部分の対価の合計額により判定する取扱いとの整合性から適当でないと考えられます。

5 質問のケースの場合

不動産の賃貸料については、居住の用に供している部分に係る賃貸料を含めてその支払金額の総額について20%の税率により源泉徴収が必要となります。

土地等の譲渡対価は1億円以下ですので、居住の用の部分とそれ以外の用との主たる用途により判定することとなりますが、原則として居住の用の面積が50%以上であれば、その取得した敷地を含む店舗併用住宅の対価の全額について源泉徴収を要しないとして差し支えないと思われます。

なお、譲渡した非居住者は、不動産の賃貸料及び土地等の譲渡対価のいずれについても所得税の確定申告義務があり、源泉徴収された所得税の精算を行うことになります（所法165）。

Point

「個人の居住用のため」の場合に源泉徴収不要となるのは、特例ですから、譲受者が法人の場合や、個人であっても居住用以外に供するときはその対価が1億円以下であっても、源泉徴収の対象となります。また、友人が租税条約締結国の居住者となる場合には、条約の定めによることとなりますが、不動産の賃貸料及び土地等の譲渡対価のいずれもその所在地国に課税権を与える源泉地国課税が通例とされています。

非居住者及び外国法人等

米国法人に支払う航空機のリース料

Q 当社は、アメリカ法人からいわゆる裸用機による航空機の貸付けを受けてそのリース料を支払うことになりましたが、この貸付けを受けた航空機は、日本国内では就航させず国外の航空路へ就航させることにしています。この場合、国内での使用に該当しないので国内源泉所得には該当せずリース料の支払の際に源泉徴収の必要はないと思いますがいかがでしょうか。

なお、アメリカ法人は日本に恒久的施設を有しておらず、国際運輸業者ではありません。

論点

アメリカ法人から裸用機契約に基づき貸付けを受けて支払う航空機のリース料については、日米租税条約の適用により免税となり源泉徴収は不要となります。

A

1　所得税法の取扱い

所得税法では、居住者又は内国法人に対する船舶又は航空機の貸付けによる対価は、国内源泉所得とされており（所法161三）、その対価の支払者は、その支払の際、その対価の額に20％の税率により所得税の源泉徴収を行わなければならないとされています（所法212①、213①一）。この船舶又は航空機の貸付けによる対価は、裸用船又は裸用機契約に基づき支払を受ける対価、つまり船体又は機体のみの貸付けの対価をいい、乗組員付きで貸し付ける定期用船（機）契約又は航海用船（機）契約に基づき支払を受けるものは該当しないこととされています（所基通26-3、161-12）。そして、船舶又は航空機の貸付けによる対価であるリース料の所得源泉地の判定は、使用

地主義によらずその貸付けを受けた者の居住地国を源泉地とする債務者主義によっていますので、実際に運行する船舶又は航空機の航路や寄港（寄航）地、すなわちその使用地が日本の国内であるか国外であるかには関係ありません（参考：法基通20-1-15(注)2)。したがって、内国法人が裸用機契約による航空機の貸付けを受けその対価であるリース料を支払う場合には、日本の国内源泉所得としてその支払者は20％の税率により源泉徴収が必要となります。

なお、所得税法上は、船舶又は航空機を貸し付けた者が国際運輸業を営む者であるかどうかにより課税関係に影響はありませんが、「外国人等の国際運輸業に係る所得に対する相互主義による所得税等の非課税に関する法律」及び同法律施行令の規定が適用される外国の居住者又は法人であるときは、相互主義により課税関係を生じないこととされます（同法律1、同施行令1、2）。

2　日米租税条約の取扱い

アメリカ法人が、日本国外の航空路用に使用する予定の日本法人に航空機を貸し付けて、そのリース料の支払を受ける場合の課税関係をみると、日米租税条約においては、船舶及び航空機はいずれも不動産とはみなされませんし（日米条約6②）、船舶又は航空機のリース料は使用料には含まれていませんので（条約12②）、不動産所得又は使用料としての課税はありません。また、アメリカ法人は国際運輸業者ではありませんので、航空機のリース料は企業の利得に該当し事業所得として取り扱われます。したがって、アメリカ法人が日本国内にある恒久的施設を通じて事業を行わない限り、アメリカでのみ租税を課することができることとされていますので（条約7①）、日本に恒久的施設を有していないアメリカ法人の場合には、日本では免税となり、源泉徴収されることはありません。この場合、租税条約に関する届出書を提出することが必要となります。

なお、アメリカ法人が国際運輸業者である場合には、裸用機契約による航空機のリースが、国際運輸に付随するものであるときは、その賃貸料は、航空機を国際運輸に運用することによって取得するものとされますので、国際運輸業

所得として、日本に恒久的施設を有しているかどうかにかかわらず、アメリカ法人が取得する利得については日本で免税とされます（条約8①②）。この国際運輸の運用に「付随する賃貸」とは、航空運輸会社が通常自ら国際運輸に運用している航空機についてスケジュールの都合により一時的に自ら運用しない期間が生じたときなどに他の航空運輸会社等にその期間に限り、これを賃貸するというようなケースを指すものと解されます。裸用機契約以外の定期用機契約による賃貸は、もとより国際運輸業所得に該当し、日本では免税となりますが、裸用機契約による賃貸で国際運輸の運用に付随するものでないときは、国際運輸業所得ではなく事業所得条項が適用され、日本に恒久的施設がない限り日本では免税とされます。

日米租税条約の裸用船（機）契約に基づく船舶又は航空機のリース料に対する取扱いをまとめると表のとおりとなります。

所得の態様		恒久的施設有	恒久的施設無
国際運輸業者の賃貸料	定期用船（機）によるリース料及び裸用船（機）によるリース料で国際運輸業に付随するもの	国際運輸業所得に該当し恒久的施設の有無に関係なく日本で免税（8①②）	
	裸用船（機）によるリース料で国際運輸業に付随するもの以外のもの	恒久的施設に帰属するものは当該施設の所在地国で課税	事業所得に該当し、恒久的施設がないので日本で免税（7、8②）
国際運輸業者以外の賃貸料			

以上のように、国内法と日本が締結した租税条約とで国内源泉所得について異なる定めがある場合には、国内法の規定に代えて租税条約の規定を適用することとされていますので（所法162）、質問のアメリカ法人に支払うリース料について源泉徴収の必要はありません。

Point

アメリカ法人が日本国内に支店等の恒久的施設を有していた場合で、所定の要件を満たすものとして税務署長の発行した「外国法人に対する源泉徴収の免除証明書」を提示すれば源泉徴収は不適用となります（所法180）。

38 非居住者及び外国法人等

貸付金の利子に対する源泉徴収

Q 内国法人である当社は、インドに工場を建設するため香港の銀行から融資を受けることとなりました。その後、香港の銀行はイギリスに本店を置く銀行の香港支店であることが判明しました。当社が外国法人から受けた貸付金の利子についての源泉徴収はどうなりますか。

なお、そのイギリスの銀行は日本国内には事務所等の施設は一切ありません。

論点
非居住者又は外国法人が支払を受ける貸付金の利子が国内源泉所得に該当するか否かを、国内法及び租税条約の両面から検討し、そのうえで源泉徴収の要否等を判断する必要があります。

A

1 国内源泉所得の判定

非居住者又は外国法人に対しては、国内源泉所得のみが課税の対象とされています（所法7①三、五）。そして、所得税法は、国内において業務を行う者に対する貸付金でその業務に係るものの利子を国内源泉所得というと規定しています（所法161六）。ここでいうその業務に係るものの利子とは、国内において業務を行う者に対する貸付金のうち、その国内において行う業務の用に供されている部分の貸付金に対応するものをいうとされています（所基通161-15）。

つまり、内国法人に対する貸付金であっても、その資金が国外の工場建設のためあるいは外国支店の営業資金として専ら使用される場合には、その貸付金の利子は、国内において行う業務の用に供されている部分の貸付金に対応する

ものとはいえませんので、国内源泉所得には該当しません。また、貸付金の一部のみが国内において行われる業務の用に供される場合には、その貸付金の利子を、国内において行われる業務の用に供されている部分に対応するものと、それ以外のものとに区分して国内源泉所得の金額を計算する必要があります。

非居住者又は外国法人から受けた貸付金を居住者又は内国法人が国内業務に使用するか国外業務に使用するかにより、それに対応する利子が国内源泉所得に該当するか否かを判定することになりますが、これを使用地主義と呼んでいます。

一方、日本が各国と締結している租税条約の多くはこの貸付金の利子の源泉地の判定について、その利子の支払者の国にあるとするいわゆる債務者主義の原則を採用しています。この場合には、貸付けを受けた資金をどこで使用するかに関係なく、利子の支払者の居住地国に源泉があることとされます。例えば、日米租税条約では「利子は、その支払者が一方の締約国の居住者である場合には、当該一方の締約国内において生じたものとされる」と規定しています（同条約11⑦）。

このように、源泉地の判定が国内法では使用地主義を採るのに対し、債務者主義の租税条約が適用される場合には、租税条約により源泉地が置き換えられ債務者主義により判定されることになります。

この置き換えについては、国内法上も、租税条約と異なる定めがある場合の国内源泉所得については、租税条約の定めるところによることが明らかにされています（所法162、法法139）。

2 貸付金の範囲

(1) 貸付金には、金銭消費貸借に基づく貸付金のほかこれに準ずるものとして次のものが含まれることとされています（所基通161-16）。

　　イ　勤務先に対する預け金で預貯金に該当しないもの

　　ロ　取引先等に対する保証金、預け金

　　ハ　売買、請負、委任の対価又は物若しくは権利の貸付け若しくは使用の

対価に係る延払債権

ニ　ハに定める対価に代わる性質を有する損害賠償金等に係る延払債権

(注)　同旨の内容を定めた法人税基本通達20-1-19では、①前渡金その他これに類する債権、②他人のために立替払をした場合の立替金、③保証債務を履行したことに伴って取得した求償権などが例示されていますが、所得税においても同様に取り扱われるものと解されます。

(2)　次に掲げる債権のうち、その発生の日からその債務を履行すべき日までの期間が6か月を超えないものの利子は貸付金の利子に該当しないこととされています（所令283①）。

イ　国内において業務を行う者に対してする資産の譲渡又は役務の提供の対価に係る債権

ロ　イの対価の決済に関し、金融機関が国内において業務を行う者に対して有する債権

そして、上記債権のうち、イには、商品の輸入代金についてのシッパーズユーザンスに係る債権又は商品の輸入代金、出演料、工業所有権若しくは機械、装置等の使用料に係る延払債権のようなものが該当し、ロには、銀行による輸入ユーザンスに係る債権のようなものが該当します（所基通161-18）。

なお、商品等の輸入代金に係る延払債権の利子相当額でその履行期間が6か月を超えるものは、貸付金の利子に該当しますが、その利子相当額が商品等の代金に含めて関税の課税標準とされているときは、その利子相当額は貸付金の利子に該当しないものとして取り扱ってもよいこととされています（所基通161-17）。

このように、履行期間が6か月を超えないものの利子は、貸付金の利子から除かれていますが、その理由は、これらの債権が、輸出代金に係る売掛金債権やその決済に関して外国金融機関が国内業者に有する債権等のその履行期間が6か月以下の短期の利子についてまで、源泉徴収の対象とすることは、国際取引の円滑化を阻害すること及び課税技術上の問題からと

いわれています。

　なお、貸付金の利子から除かれている履行期間が6か月以下の短期債権の利子は、事業の所得に該当することとされ（所令183②）、その支払を受ける者の国内事業所の業務に属する債権に係るものに限られます（所基通161-19）。したがって、利子の支払を受ける非居住者又は外国法人が国内に恒久的施設を有する場合には、この利子については総合課税の対象となりますが、恒久的施設を有しない場合には、課税されません。

(3) 船舶又は航空機の購入のための貸付金については、内国法人又は居住者の業務の用に供される船舶又は航空機の購入のために、その内国法人又は居住者に対して提供された貸付金は、所得税法第161条第6号に規定する貸付金に該当し、非居住者又は外国法人の業務の用に供される船舶又は航空機の購入のために、その非居住者又は外国法人に提供された貸付金は、同号に規定する貸付金には該当しません（所令283③）。

　なお、所得税法第161条第6号に規定する貸付金に該当しないとされた前記貸付金は、次に掲げる貸付金とともに、同条第1号の国内源泉所得にも該当しないこととされています（所基通161-20）。

　　イ　国外において行う業務を行う個人又は法人に対して提供された貸付金で当該国外において行う業務に係るもの

　　ロ　非居住者に対して提供された貸付金でその非居住者の行う業務に係るもの以外のもの（いわゆる非事業用貸付金）

(4) この貸付金の利子には、債券の買戻又は売戻条件付売買取引として、債券をあらかじめ約定した期日にあらかじめ約定した価額で買い戻し、又は売り戻すことを約定して譲渡し、又は購入し、かつ、その約定に基づきその債券と同種及び同量の債券を買い戻し、又は売り戻す取引から生ずる差益（国内において業務を行う者との間で行う債券現先取引でその業務に係るものにおいて、債券を購入する際のその購入に係る対価の額を、その債券と同種及び同量の債券を売り戻す際のその売戻しに係る対価の額が上回る場合におけるその売戻しに係る対価の額からその購入に係る対価の額を

控除した金額に相当する金額をいいます。）が含まれます（所法161六、所令283④⑤）。

3　質問のケースの場合

　質問の貸付金は金銭消費貸借契約に基づくものと認められますが、インドで工場の建設資金のための貸付金ですから、国内業務に係るものとはいえません。したがって、使用地主義の国内法上は、その貸付金の利子は国内源泉所得には該当しません。しかし、貸付金の利子の受領者は、香港支店の本店の所在地であるイギリスにある銀行となりますので、日英租税条約の規定を検討する必要があります。同条約では、日米租税条約と同じく利子の支払者の居住地国に源泉があるとする債務者主義を採用しています（日英租税条約11⑦）。したがって、日本の国内源泉所得となりますので利子の支払者である貴社は、所得税の源泉徴収を行うことになりますが、その税率は国内法の20％ではなく、所定の手続の下、条約に定める限度税率の10％によることとなります（同条約11②、条約実施特例法3の2）。

Point

　国内法と租税条約で源泉地国の判定について、使用者主義と債務者主義と異なっているのは貸付金の利子のほか、特許権等の使用料や譲渡による対価があります。

39 非居住者及び外国法人等

海外美術品の展示に伴う派遣技術者に係る諸費用の取扱い

Q 当社は、国際文化交流事業として海外の美術品の展示会を開催するため、外国法人である美術館から6か月間、17～18世紀の絵画、彫刻その他工芸品等を賃借することになりました。これら美術品の賃借に当たり、その美術館から技術者3名の派遣を受け入れて、梱包の解き方や照明や温度、湿度の管理から展示方法まで展示会開催の全般にわたり指導を受けることになっています。当社は美術品の賃借料のほか、これら派遣技術者の旅費、滞在費及び給与等の額をあわせて美術館に支払うことになりますが、これらについての課税はどうなるのでしょうか。

なお、旅費、滞在費等については実費相当額を、給与等については1日当たり40,000円で計算した額を美術館に支払います。

論点

国内法上、美術品の賃借料については、備品の使用料として20％の税率により源泉徴収が必要となります。また、派遣技術者の諸費用については、人的役務の提供事業の対価として同じく20％の税率により源泉徴収が必要です。

美術館が租税条約の相手国の居住者である場合には、これらの支払について租税条約を適用することにより課税が免除又は軽減される場合があります。

A

1 国内法上の取扱い

(1) 美術品の使用料

外国法人である美術館が賃貸する美術品の著作権は消滅していると考えられますので、その美術品を内国法人に賃貸して支払を受ける使用料

は、国内源泉所得のうち所得税法第161条第7号ロの著作権の使用料には該当せず、同号ハに掲げる備品の使用料に該当します（所法161七ハ、所令284①）。この備品には絵画や美術工芸品、遺跡の埋蔵品、恐竜の化石なども含まれますので（所基通161-27）、その使用料を支払う者はその支払の際、20％の税率による所得税を徴収して納付しなければならないこととされています（所法212①）。

(2) 派遣技術者の諸費用

17～18世紀の貴重な美術工芸品を外国の法人へ賃貸するだけで、賃貸期間中の管理は相手に任せ放しということは一般には考えられませんので、美術品を展示用に賃貸するに際し技術者を派遣することは、その賃貸の条件になっているものと考えられます。そうしますと、派遣技術者の役務提供に係る諸費用（旅費、滞在費及び給与等）は、美術品の賃貸には必要不可決のものと考えられますので、これら諸費用を含めて使用料に該当するという考え方が合理的と認められます。

この点に関して、所得税法第161条第7号イ又はロに掲げる技術等又は著作権については、これらを提供し、又は伝授するために要する費用もこれらの使用料に含まれるとの取扱いが明らかにされていますし（所基通161-23）、一方、技術等及び著作権の提供契約に基づき支払を受けるもののうち、技術者を派遣して国内で人的役務を提供するための諸費用で美術品の使用料と明確に区分されているものは、これらの使用料に該当しないものとして取り扱われています（所基通161-25）。

ところで、これらの取扱いは、同号イ又はロの技術等又は著作権の使用料についてであり、同号ハの備品等についてまでは及ばないという考えがあります。つまり、技術等又は著作権の使用料と備品の使用料とでその取扱いを異にする趣旨であるという考えに立てば備品についてこれらの取扱いはないことになります。しかしながら、通達の制定時には備品の使用料に技術者を派遣するような事例が極めて少ないといった事情から強いて定められなかったと解するのが相当とも考えられます。そうすれば、技術等又は著作権の使用料と備品の使用

料とであえて別異に取り扱う合理的な理由があるとも思えませんので、派遣技術者の役務提供に係る諸費用が美術品の使用料と明確に区分されていれば、これら諸費用については使用料に含める必要はないと考えられます。

次に、使用料に該当しないとされた諸費用の支払は、同条第2号の専門的知識又は特別の技能を有する者の人的役務の提供事業の対価に該当するものと考えられますが（所令282三）、諸費用のうち滞在費及び旅費の支払が、ホテルや航空会社等に対して直接行われ、かつ、その金額が通常必要と認められる範囲内のものである場合を除き、給与等を含めて外国法人に支払われる際に20％の税率で源泉徴収を行う必要があります。

なお、派遣された技術者が国内で行った勤務に対して美術館から支払われる給与は第161条第8号イに掲げる給与に該当しますが、美術館が支払を受ける諸費用（人的役務の提供事業の対価）について、上記の源泉徴収による課税が行われた場合には、その源泉徴収された諸費用から支払われるその給与については、その支払の際に所得税の源泉徴収がされたものとみなすこととされ、派遣技術者は源泉徴収をされずに給与の支払を受けることになります（所法215）。

2 租税条約上の取扱い

外国法人である美術館が租税条約の締結国の居住者である場合には、その租税条約の規定により課税関係は異なってきます。

(1) 美術品の使用料

① アメリカ、イギリス、フランス、オーストラリア及びノルウェーの居住者である場合には、事業所得に該当しますので、わが国に外国法人が恒久的施設を有しない限り所得税は課税（源泉徴収）されません。

② タイ及びニュージーランドの居住者である場合には、国内法どおり20％の源泉徴収が必要です。

③ 上記以外の条約締約国の居住者である場合には、租税条約上使用料として各条約に規定する軽減税率による源泉徴収の適用があります。

(2) 派遣技術者の諸費用

　租税条約の多くは、人的役務の提供事業の対価については「企業の利得」（米、英ほか多数）又は「産業上又は商業上の利得」（オーストリア、スリ・ランカほか）としており、わが国に恒久的施設がない場合には課税されません。

> **Point**
> 　美術品等の貸付けを行う者が租税条約締約国の居住者である場合には、租税条約上の取扱いも検討して課税関係を判断する必要があります。

40 非居住者及び外国法人等

インド法人の技術者の役務提供に対する対価の課税関係

Q 当社は、ソフトウェア開発をインドの法人に委託しその対価を支払うこととなりました。この開発の作業は当社作成の仕様書等に基づきインド国内で行われています。当社が支払う対価は、日本国外における人的役務の提供に対するものですから、国内源泉所得に該当せず所得税の源泉徴収は行わなくて差し支えないでしょうか。

論点
国内法の規定が日印租税条約の規定により所得源泉地が置き換えられ、条約の適用により10％の税率による所得税の源泉徴収が必要です。

A
1　外国法人の課税範囲

外国法人に対する所得税の課税は、所得税法第161条の第1号の2から第7号まで及び第9号から第12号までに掲げる国内源泉所得とされています（所法7①五、178）。国内においてこれら国内源泉所得の支払をする者は、その支払の際、所得税の源泉徴収を行わなければならないとされています（所法212①）。これら国内源泉所得は第35問の表のとおりですが、改めて列挙すれば次のとおりです。すなわち、①組合事業から配分される利益（1号の2）、②国内不動産の譲渡対価（1号の3）、③人的役務提供事業の対価（2号）、④国内不動産・船舶等の賃貸料（3号）、⑤内国法人発行債券等・国内預金の利子等（4号）、⑥内国法人の配当等（5号）、⑦国内業務使用目的の貸付金利子（6号）、⑧国内で業務を行う者から受ける使用料・譲渡対価（7号）、⑨国内事業の広告宣伝のための賞金（9号）、⑩生命保険契約等に基づく年金（10号）、⑪定期積金の給付補てん金等（11号）及び⑫匿名組合契約等に基づ

く利益の分配（12号）となります。国内源泉所得に対する源泉徴収の税率は、原則として20％（②は10％、⑤及び⑪は15％）とされています（所法213①）。そして、国内に恒久的施設を有しない外国法人の場合には、上記国内源泉所得のうち①の組合事業から配分される利益は課税の対象から除かれます。

　なお、租税条約において国内源泉所得につき所得税法第161条の規定と異なる定めがある場合には、同条の規定にかかわらずその条約の定めによることとされています（所法162）。

2　人的役務の提供事業の対価の範囲

　所得税法では、国内において人的役務の提供を主たる内容とする事業で次の(1)～(3)までの事業を行う者が受けるその人的役務の提供に係る対価（上記1の③）は、国内源泉所得に該当することとされています（所法161二、所令282一～三）。

(1)　芸能人・プロスポーツ選手等の役務提供を主たる内容とする事業
(2)　弁護士等の自由職業者の役務提供を主たる内容とする事業
(3)　科学技術、経営管理その他の分野に関する専門的知識又は特別の技能を有する者の当該知識又は技能を活用して行う役務の提供を主たる内容とする事業

　ソフトウェアの開発は、データの入力作業等のような明らかに単純作業と認められるものを除いては、上記(3)の専門的知識・技能による役務提供に該当するものと思われます。しかし、その対価が国内源泉所得とされるのは、日本国内において人的役務の提供が行われるものに限られていますので、日本国外におけるものは国内源泉所得に該当せず、源泉徴収を行う必要はありません。

　なお、人的役務の提供を主たる内容とする事業とは、国内における人的役務の提供に関する契約ごとに判定し、その者が他に営む主たる事業の内容に影響されるものではありません（所基通161-9）。

40　インド法人の技術者の役務提供に対する対価の課税関係

3　日印租税条約の規定

 日印租税条約において、一方の締約国内において生じ、他方の締約国の居住者に支払われる技術上の役務に対する料金に対しては、当該他方の締約国において租税を課することができるとされています（同条約12①）。この技術上の役務に対する料金に対しては、これが生じた締約国においても、その締約国の法令に従って租税を課することができるとされ、その税率は10％が上限とされています（同条約12②）。ところで、この「技術上の役務に対する料金」とは、技術者その他の人員によって提供される役務を含む経営的若しくは技術的性質の役務又はコンサルタントの役務の対価としてのすべての支払金をいうこととされ（同条約12④）、前記2の(3)の事業に対する対価にほぼ該当するものと解されます。また、技術上の役務に対する料金は、その支払者が一方の締約国の居住者である場合には、当該一方の締約国内において生じたものとされると規定されており（同条約12⑥）、所得源泉ルールにいわゆる債務者主義を採用しています。したがって、この技術上の役務に対する料金は支払者の居住地に所得の源泉があることとされますので、役務提供地が国内であるか国外であるかには影響されません。

 この技術上の役務に対する料金について、日印租税条約と同様の課税関係を規定している租税条約に、平成21年から適用が開始されている改正日本パキスタン租税条約があります（同条約13）。

 なお、インド及びパキスタン以外の各国との条約では、技術上の役務に対する料金は人的役務提供事業の所得に該当せず、事業所得（所法161一）となり、源泉徴収の対象となりません。

4　質問のケースの場合

 質問からは、ソフトウェアの開発の内容の詳細が分かりませんので断定的には申し上げられませんが、前記2の(3)の事業の対価に該当するとすれば、国内法上は、その人的役務の提供が国内において行われれば、国内源泉所得に該当し、役務提供の対価の支払者は所得税の源泉徴収が必要ですが、仕様書等にお

いてインドにおいて開発が行われることとされていますので、わが国の国内源泉所得には該当しません。しかし、日印租税条約の規定により所得税法の規定が読み替えられて、対価の支払者の居住地であるわが国にその所得の源泉があるとされますので、インド法人が支払を受けるソフトウェアの開発の対価は、わが国の国内源泉所得となります（所法162）。その結果、支払者には所得税の源泉徴収義務が生じることになり（所法212①）、その税率は国内法による20％に代え10％の限度税率が適用されることとなります（同条約12②、所法213①一）

> **Point**
> インド及びパキスタン両国以外のわが国が締結している他の国との条約では、一般に、上記の人的役務の提供の対価は事業所得とされますので所得税法第161条第1号の所得に該当し、源泉徴収不要とされ、支払を受ける者がわが国に恒久的施設を有していない場合には課税そのものが行われません（所法164①四、②二）。

41 非居住者及び外国法人等

非居住者に支払う職務発明に係る権利承継の対価

Q 当社では、役員や従業員の職務発明に関する権利を当社に承継させることによる対価として、知的財産規則に基づき所定の金額を支払うこととしています。このたび、職務発明について特許を受ける権利を承継することとなりその対価を非居住者である従業員に支払うことになりました。当社が非居住者に支払う職務発明に係る対価について所得税の源泉徴収をしなければなりませんか。

論点

非居住者に支払う場合には、国内法では国内源泉所得として課税の対象とされ源泉徴収が必要となりますが、租税条約の適用があるときはその規定により源泉徴収の要否が決定されることになります。

A

1 特許法の相当の対価

特許法においては、発明とは、自然法則を利用した技術的思想の創作のうち高度のものをいうとされ（同法2①）、職務発明とは、従業者等がその性質上その使用者等の業務範囲に属し、かつ、その発明に至った行為がその使用者等における従業者等の現在又は過去の職務に属する発明をいうとされています（同法35①）。ここでいう従業者等は、従業者、法人の役員、国家公務員又は地方公務員を、また、使用者等は、使用者、法人、国又は地方公共団体をいいます（同）。したがって、法人の役員や代表者であっても従業者と同様にこの職務発明の規定が適用されます。職務発明は労働の成果であるにもかかわらず職務発明に係る特許を受ける権利はその発明をした従業者等に原始的に帰属することと考えられ、使用者等は職務発明による特許権につき通常実施権を有する（同法35①）とともに、あらかじめ勤務規則等で定め

ておくことにより従業者等から特許を受ける権利又は特許権を承継させることができます（同法35②）。一方、従業者等はその代償として「相当の対価」の支払を受ける権利を有することとされています（同法35③）。

　相当の対価は、実務においては出願補償金（出願時に支払）、登録補償金（登録時に支払）、実績補償金（発明の実施効果に応じて支払）等に分けて支払われているのが一般的といわれます。これらはいずれも、特許法第35条に基づいて権利を使用者等に承継させた（譲渡した）代償として相当の対価の支払を受ける権利（相当の対価請求権）を有することとなります（特許法35③）。この相当の対価は、特許を受ける権利などを承継した時点において支払うべき所定の金額が把握されるべきでしょうが、承継時には将来の登録が不確定なため、金額の算定は極めて困難を伴うものと考えられます。したがって、便宜的に、実績を考慮した対価を算定して支払われていることが多いとされます。このように実績に応じて支払われるとしても、権利の承継の代償として与えられた相当の対価請求権に基づくものには変わりがないと考えられます。

2　非居住者に支払われる対価

(1)　国内法の取扱い

　非居住者は国内源泉所得だけが課税の対象とされ（所法5②、7①三）、国内において支払われる工業所有権その他の技術に関する権利、特別の技術による生産方式若しくはこれらに準ずるものの使用料又はその譲渡による対価については、20％の税率による所得税の源泉徴収が行われます（所法161七イ、212①、213①一）。源泉徴収の対象とされる国内源泉所得は権利等の使用料だけでなくその譲渡による対価も含まれますので、職務発明をした非居住者である従業員がその発明に係る特許を受ける権利等を使用者に承継させた場合には、使用者が承継の対価を支払う際に所得税の源泉徴収義務が生じます。

(2)　租税条約の取扱い

　工業所有権等の譲渡による収益に対する各租税条約締結国との条約の規定は、大別して次の3区分があります。

① 譲渡収益を使用料と同様に取り扱う条約締結国（イスラエル、オーストリア、韓国、シンガポール、タイ、デンマーク、トルコ、ノルウェー、バングラデシュ、フィンランド、ブルガリア、ベトナム、マレーシア、南アフリカ）
　　② 真正な譲渡以外の譲渡対価を使用料とする条約締結国（オランダ、スイス、スペイン、ドイツ、ベルギー、メキシコ）
　　③ 工業所有権等の譲渡対価についても他の財産（動産）の譲渡対価と同様に取り扱う条約締結国等（アイルランド、アメリカ、イタリア、オーストラリア、スウェーデン、中国等）

　このうち①については、例えば日韓租税条約では使用料を規定した第12条の5において、「特許権、商標権、意匠、模型、図面、秘密方式又は秘密工程の譲渡から生ずる収入についても、同様に適用する。」と規定され、使用料の課税関係を定めた同条1、2及び4と同じ取扱いをすることが明らかにされています。また、②については、いずれの国も租税条約の議定書又は交換公文において規定されています。例えば日独租税協定の交換公文の8は、「第12条及び第13条の規定に関し、ある支払金につき協定第12条又は第13条のいずれの規定を適用すべきかの問題については、特許権その他これに類する財産の真正な、かつ、いかなる権利をも譲渡人に残さない譲渡から生ずる収益についてのみ第13条の規定を適用することが了解される。」と規定され、第12条の使用料条項が適用されるのは、真正譲渡以外の譲渡による対価とされています。職務発明に係る相当の対価は、この真正譲渡以外の譲渡による収益に該当すると考えられますので、使用料条項が適用されることになります。③については、各条約の規定により必ずしも一様ではありませんが、アイルランド、アメリカ、イギリス、イタリアなど居住地国課税とされ日本では免税となるものやエジプト、カナダ、中国など源泉地国課税とされ日本で課税となるものがあります。また、スウェーデンは譲渡条項に規定がなく、ニュージーランドは譲渡条項自体がありませんので、これらの国はわが国の国内法に従い課税となります。

　なお、租税条約非締結国の居住者である場合には、国内法が適用されますの

で所得税の源泉徴収が必要となります。

> **Point**
>
> 特許法に規定する相当の対価を非居住者に支払う場合には、国内法では国内源泉所得として課税の対象とされ源泉徴収が必要となります。一方、非居住者が条約締結国の居住者の場合には、条約の内容により一様ではありませんので、個々の条約の譲渡条項又は使用料条項等を検討して判断する必要があります。租税条約の非締結国の場合には国内法の取扱いのままとなります。

42 非居住者及び外国法人等

海外へ転勤した社員の課税関係

Q 当社の社員がこの4月から海外の支店へ勤務することになりました。この社員の海外勤務期間は2年の予定です。この社員には引き続き本社から給与を支給することとしていますが、今まで同様に源泉徴収をして差し支えないでしょうか。

論点 1年以上の予定で海外勤務となった者は、非居住者として取り扱われ国内源泉所得だけが課税対象とされます。したがって、海外勤務に対する給与については、源泉徴収は不要となります。

A

1 居住者と非居住者

所得税法は、納税義務者を個人及び法人に区分し、個人については居住者と非居住者とに区分して、これら納税義務者の区分に応じて課税所得の範囲及び課税方法を定めています。そして、居住者とは「国内に住所を有し又は現在まで引き続いて1年以上居所を有する個人をいう」とし、非居住者は居住者以外の個人をいうと定義しています(所法②三、五)。この場合の住所とは各人の生活の本拠をいい、生活の本拠であるかどうかは客観的事実によって判定することとされています(所基通2-1)。この住所の概念は一般に民法のそれと同じと解されています。

つまり、住所とは総合的にみて各人の生活がそこを中心として営まれている場所であり、居所とはその人の生活の本拠ではないが、その人が多少の期間継続して現実に居住する場所とされています。このように住所と居所との区別は、客観的にみてその人の生活の中心となっているかどうかによることになります。

(注) 居住者のうち一定の要件に該当する者は非永住者として定義されていますが(所

法②四)、源泉徴収の対象とされる所得の範囲にはこの区分による影響はありません。

2 住所の有無の推定

次に掲げるような事実がある場合には、次のとおりその者の国内における住所の有無を推定することとされています（所令14①、15①）。

(1) 国内に居住することとなった個人が、①国内において、継続して1年以上居住することを通常必要とする職業を有すること、又は②日本の国籍を有し、かつ、国内において生計を一にする配偶者その他の親族を有することその他国内におけるその者の職業及び資産の有無等の状況に照らし、その者が国内において継続して1年以上居住するものと推測するに足りる事実があること……国内に住所を有する者

(2) 国外に居住することとなった個人が、①国外において、継続して1年以上居住することを通常必要とする職業を有すること、又は②外国の国籍を有し又は外国の法令によりその外国に永住する許可を受けており、かつ、その者が国内において生計を一にする配偶者その他の親族を有しないことその他国内におけるその者の職業及び資産の有無等の状況に照らし、その者が再び国内に帰り、主として国内に居住するものと推測するに足りる事実がないこと……国内に住所を有しない者

また、国内又は国外において事業を営み若しくは職業に従事するため国内又は国外に居住することとなった者は、その地における在留期間が契約等によりあらかじめ1年未満であることが明らかであると認められる場合を除き、上記(1)又は(2)の推定規定が適用されます（所基通3-3）。したがって、在留期間があらかじめ1年未満であることが明らかな場合には、本来の住所が国内か国外かにより判定することになります。

3 事情変更の場合の取扱い

海外に勤務することとなった者の海外における勤務期間が、契約等において

あらかじめ1年未満であることが明らかでない場合やあらかじめ1年以上と定められている場合には、その海外勤務者は出国のときから国内には住所はないものと推定され、出国の日の翌日から非居住者として取り扱われることになります。しかし、その後の事情変更により1年未満で帰国した場合には、結果として海外勤務の期間は1年未満となっても、帰国するまでの海外勤務期間は当初の推定どおり非居住者として取り扱われます。一方、当初半年間の予定で海外勤務のため出国した者が、その後の事情変更で当初予定の海外勤務期間に引き続き、更に1年間海外勤務が延長となった場合には、当初の半年間は居住者として扱われますが、延長後の期間を出国時から通算すると1年以上の海外勤務となるため延長後の期間は非居住者として取り扱われます。この場合、出国時までさかのぼって非居住者として判定する必要はありません。

4　質問のケースの場合

2年の予定で海外勤務を行うことが明らかにされていますので、出国の日の翌日から非居住者として扱われます。非居住者の場合、居住者が全世界所得を課税対象とされるのに対し、国内源泉所得のみが課税対象とされます。したがって、その者が役員である場合を除き海外のみの勤務であればその勤務の対価は国外源泉所得となり、わが国で課税関係は生じませんのでその給与等の支払が国内、国外を問わず源泉徴収は不要となります。

なお、海外の勤務地においては、通常その勤務地国の居住者としてその給与等について課税されることになります。

42 海外へ転勤した社員の課税関係

Point

給与や賞与の計算期間の中途で出国し非居住者となった者に支払う給与等で、その非居住者となった日以後支給期の到来するものは、国内勤務に対応する部分については国内源泉所得として課税する必要があります。ただし、その計算期間が1か月以下であり、その給与の全額が国内勤務に対応するものでない限り、その総額を国内源泉所得に該当しないものとして取り扱って差し支えない（源泉徴収不要）とされています。また、役員については、海外勤務期間中でも国内源泉所得とされる場合がありますので、注意をする必要があります。更に租税条約の適用関係についても留意することが重要です。

43 非居住者及び外国法人等

海外又は国内転勤直後に支給する賞与の源泉徴収

Q 海外の支店で5年間勤務していた社員（日本国籍）が、この12月1日に国内勤務に復帰し帰国することになりました。当社の冬季賞与は12月5日が支給日となっていますが、12月1日に帰国する社員の賞与については、支給対象期間（本年6月1日から11月30日まで）の全期間において非居住者として勤務していましたので全額国外源泉所得となり日本では課税できないという意見がありますが、どのように取り扱えばよいのでしょうか。一方、1か月早い10月31日に3年間の海外勤務のため出国した社員もいますが、この社員の賞与の課税はどのようになりますか。

論点

12月5日に支給される賞与について、12月1日に帰国した社員は居住者としての課税、11月1日に出国した社員は非居住者としての課税になりますので、課税所得の範囲、課税の方法等が異なることになります。

A

1 国内転勤者の課税対象賞与

5年間の海外勤務を終えて12月1日に帰国する社員は、5年前に日本を出国した日の翌日から非居住者として取り扱われ（所令15①一）、その非居住者である社員が帰国し、国内に住所を有することとなった場合には、その社員は入国の日の翌日から居住者に該当することになります（所法2①三、所基通2-4）。非永住者以外の居住者（以下「永住者」といいます。）はすべての所得が課税対象とされていますが（所法7①一）、帰国した社員は日本国籍がありますので、永住者として国内源泉所得及び国外源泉所得のいずれも課税の対象とされます。つまり、この社員が支給を受ける冬季賞与の

支給対象期間である本年6月1日から11月30日までの期間のすべてが非居住者としての勤務（国外勤務）であっても、居住者となってから支給を受けるものですから、その冬季賞与の全額について居住者としての課税対象とされ、源泉徴収を受けることになります。

2　賞与についての税額計算

　帰国する社員が賞与支給月の12月の前月（11月）中に支給を受けた国外勤務に係る通常の給与は、非居住者として支給を受けた国外源泉の給与ですからわが国では課税されません（所法7①三、161 八、164①四）。このため、12月に支給を受ける賞与に対する税額計算は、前月中に通常の給与の支給を受けたものとして行うのか、あるいは前月中に通常の給与の支給を受けていないものとして行うのかという疑問の向きもあります。この点については、「賞与に対する源泉徴収税額の算出率の表」（所法別表2）（以下「算出率の表」といいます。）が、前月中の通常の給与を基に一定の賞与の支給が行われることを前提に作られていることからすれば、課税の対象とされない所得は除いて計算することが合理的と解されます。したがって、帰国社員の前月中の通常の給与は支給がなかったものとして、その賞与に対する税額計算をするのが相当と考えられます。

　賞与に対する源泉徴収税額は、一般の場合には、扶養親族等の数に応じて賞与の支給月の前月の給与の支給金額に対応する税率を算出率の表により求めて計算しますが、前月中に通常の給与の支払がない場合には、いわゆる6分6乗（賞与の計算期間が6か月を超える場合には12分12乗）方式により「給与所得の源泉徴収税額表」の月額表（所法別表4。以下「月額表」といいます。）を使用して求めることになります（所法186①）。

　したがって、帰国社員の賞与については、その支給額（社会保険料等控除後の金額）の6分の1相当額について月額表による税額を求め、その求めた税額を6倍してその賞与に対する税額を計算することになります。

3 海外転勤者の課税対象賞与

　海外で3年間の勤務をすることとなった社員は、国外に住所を有するとの推定を受けわが国を出国した日の翌日（11月1日）から非居住者として取り扱われますので（所令15①一）、12月に支給を受ける賞与は非居住者としての所得ということになります。非居住者については、国内源泉所得のみが課税の対象とされますが、国内と国外の双方にわたる勤務に基因して給与や賞与等の支給を受ける場合には、その支給額にその支給の計算の基礎となった期間に占める国内勤務期間の割合を乗じて計算することとされています（所基通161-28）。つまり、国内勤務に対応する部分の金額のみが課税の対象となります。出国した社員の場合、賞与の支給対象期間は国内勤務をしていた本年6月1日から11月30日までですから、賞与支給額のうち10月31日までの期間に対応する金額が国内源泉所得ということになります。したがって、賞与支給額のうち6分の5に相当する金額（正確には日数按分より求めた金額）について、20％の税率による源泉徴収が行われることになります（所法161八イ、212①、213①一）。

　なお、給与のようにその計算期間が1か月以下でその計算期間の中途で非居住者となった場合には、その給与の全額がその者の国内において行った勤務に対応するものであるときを除いて、その総額を国内源泉所得に該当しないものとして差し支えないこととされています（所基通212-3）。したがって、10月31日に出国した社員の給与の計算期間が10月21日から11月20日までであり、その支給日が11月25日の場合には、本来ならば10月31日までの期間に対応する部分を国内源泉所得として源泉徴収の対象とすべきこととなりますが、前述の取扱いによれば、全額を国内源泉所得に該当しないものとして取り扱って差し支えありません。したがって、源泉徴収は不要ということになります。

Point

　居住者に対し国内において賞与又は給与を支給するに際しては、支給対象期間内における勤務地に関係なく、すべてわが国で課税の対象とされ所得税の源泉徴収が行われますので、国外勤務期間に対応する部分の金額を課税の対象から除外することのないよう注意しなければなりません。

43　海外又は国内転勤直後に支給する賞与の源泉徴収

44 非居住者及び外国法人等

中国の研修生に支給する手当の課税

Q 当社は中国の現地法人の従業員にOJTを受けさせるため技術研修生として半年（180日）間来日させることとしました。研修生には国内滞在期間中当社がその生計費の実費相当額の研修手当を支給することとしています。研修生には中国の留守家族にも現地法人から留守手当が支給されることになっています。この研修生やその留守家族に支給される手当について給与所得として日本で源泉徴収しなければなりませんか。

なお、中国の現地法人は支店をはじめ一切の施設等を日本には持っていません。

論点

日中租税協定の適用により来日する研修生の研修手当及び留守手当ともに日本では課税されないと考えられます。

A

1 国内法の規定

国内に住所も現在まで引き続き1年以上の居所も有していない個人は、所得税法上、非居住者とされ（所法2①三、五）、国内源泉所得についてのみ課税の対象とされます（所法5②、7①三）。ただし、国内に居住することとなった個人が、国内において、継続して1年以上居住することを通常必要とする職業を有すること等の事実がある場合には、たとえ1年以上滞在していなくても国内に住所を有する者と推定とされ（所令14①）、居住者として扱われます。中国からの研修生は、日本での滞在予定は180日ということですので入国後も非居住者として扱われます。国内源泉所得は所得税法第161条第1号から第12号までに掲げられていますが、これらのうち同条第1号

の事業の所得及び資産の運用・保有・譲渡による所得等以外は源泉徴収の対象とされています（所法212①）。

　非居住者である研修生が国内で支給を受ける研修手当は、従来、入国事前審査において認められた金額の範囲内であれば、研修上の実費弁償の範囲とみて源泉徴収を要しないとして取り扱われてきたようです。しかし、出入国管理及び難民認定法（以下「入管法」といいます。）が改正され平成22年7月に施行されたことに伴い新たに「技能研修」という在留資格が設けられました。これにより、従来の在留資格「研修」による活動は実務研修を伴わない座学研修に限られることとされました。したがって、海外にある合弁企業等事業上の関係を有する企業の社員を受け入れて実務研修を行う場合には、原則として雇用契約に基づき技能修得活動を行うことが義務付けられ、労働基準法等の労働関係法上の保護が受けられるようになりました。このため、改正入管法施行後は、技能研修の在留資格で研修生が受ける対価は、実質的に人的役務の提供の対価（労働の対価）と認められ、国内源泉所得として20％の税率により源泉徴収が行われることになります（所法161八イ、213①一）。また、現地法人から留守家族に支給される留守手当は、その研修生が国内において職務に従事することにより支給されるもの（労働の対価）ですから、国内源泉所得に該当すると考えられます。この留守手当は国外払ですから源泉徴収の対象とされませんので、研修手当と合算して確定申告により納税する必要があります（所法172）。

2　租税条約の規定

　日本と中国との間の租税協定（以下「日中条約」といいます。）第21条では、「専ら教育若しくは訓練を受けるため又は特別の技術的経験を習得するため日本国内に滞在する学生、事業修習者又は研修員である中国の居住者がその生計、教育又は訓練のために受け取る給付又は所得については、日本の租税を免除する」旨規定されています。したがって、中国からの研修生が事業修習者又は研修員に該当し、その受け取る対価が生計、教育等のためのものであれば免税となります。

また、給与所得について、中国の居住者が支払を受ける給与所得は、勤務が日本で行われない限り中国においてのみ課税され、勤務が日本で行われる場合には、その勤務に係る給与については日本で課税することとされます（日中条約15①）。しかし、中国の居住者が日本国内において行う勤務について取得する報酬に対しては、次に掲げることを条件として、中国においてのみ租税を課することができるとされています（同条約15②）。

(1)　日本における滞在期間が年を通じて合計183日を超えないこと。
(2)　報酬の支払者が日本の居住者でないこと。
(3)　報酬が雇用者のその日本国内に有する恒久的施設等によって負担されないこと。

　これはいわゆる短期滞在者免税と呼ばれるものであり、上記条件を満たす場合には、その報酬について日本では課税されません。

3　質問のケースの場合

(1)　研修手当

　研修手当は、研修中の生活実費相当額ということですが、国内法上は、前述のとおり改正入管法施行後は労働の対価として支給されるものとの取扱いになるのではないかと思われます。一方、日中条約では学生、事業修習者又は研修員に該当すれば免税となりますが、質問の技術研修生は学生には該当しませんし、企業内の見習研修者や日本の職業訓練所等において訓練、研修を受ける者と解されている事業修習者にも該当しないと考えられます。しかし、研修員は、特別の技術的経験を習得するため滞在する者とされていますから、日中条約にはありませんが、インドネシアやスリ・ランカ等との条約にある事業習得者に相当するものと認められます。この事業習得者は、企業の使用人としてその企業以外の者から高度な職業上の経験を習得する者と解されていますので、技術研修生は日中条約の研修員に該当すると思われます。したがって、同条約第21条の規定により中国からの研修生が受ける研修手当は日本では課税されないこととなります。条約の適用に当たっては、研修手当の支払者の所轄税務署

(2) 留守手当

　留守手当は、中国の現地法人から研修生の留守家族に対して支給されますが、研修生の日本国内における勤務（OJTの受講）により支給されるものですから、日本の国内源泉所得（給与所得）に該当することになります。しかし、国外払のため源泉徴収されませんので、20％の税率による申告分離課税の対象となります（所法170、172）。一方、日中条約第15条において短期滞在者免税の3条件が前記2のとおり規定されていますが、これらを質問のケースでみてみると、①滞在期間は183日以下で、②中国の現地法人から支払われ、③同法人は日本国内に恒久的施設等を有していませんので、いずれの条件も満たし日本では免税となり確定申告は不要となります。

> **Point**
>
> 　研修生といっても一律ではありませんので、在留資格を含めその研修等の内容を十分に把握したうえ、国内法及び租税条約の適用関係を検討する必要があります。

45 非居住者及び外国法人等

退職所得の選択課税

Q 3年前から海外勤務中の従業員がこのたび海外で退職しましたので、退職金を支払うことになりました。国内で退職した場合と退職金の税額計算が違うということですが、どのように違うのでしょうか。

論点

支払う退職金のうち、国内勤務に対応する部分の金額に対して20%の税率により源泉徴収をする必要があります。ただし、本人は選択により支払を受ける退職金の全額を居住者として支払を受けたものとして税額計算を行い、その方が少なければ源泉徴収された税額の還付を受ける確定申告をすることができます。

A

1 非居住者に対する退職金課税

3年前から海外勤務者となっている従業員は日本の非居住者として扱われますので、国内源泉所得のみが課税対象となります（所法7①三、164）。非居住者が支払を受ける退職手当等については、居住者であった期間に行った勤務又は人的役務に対応する部分である国内源泉所得だけが所得税の課税対象とされます（所法161八ハ、164②二）。退職手当等のうち居住者であった期間に行った勤務等に対応する部分の金額は、次の算式により計算します（所基通161-28（注）2）。

退職手当等の総額×（居住者であった期間に行った勤務等の期間
／退職手当等の総額の計算の基礎となった期間）

上記算式により計算した金額に20％の税率を乗じて計算した金額を源泉徴収することになります（所法212①、213①一）。

なお、租税条約においては、退職年金条項がありますが退職手当等については適用されず給与所得条項が適用されますので、課税関係は国内法と同様となります（昭53直法6-11参照）。

2 居住者としての課税の選択

非居住者に支払う退職手当等についての税額計算は前記1のとおりになりますが、非居住者の退職手当等については、その退職者の選択により居住者としての課税を受けることもできることになっています。すなわち、国内源泉所得に該当する退職手当等の支払を受ける場合には、その退職手当等について、その支払の基因となった退職を事由としてその年中に支払を受ける退職手当等の総額を居住者として受けたものとみなして、居住者と同様の税額計算による課税を受けることができるというものです（所法171）。これは退職所得の選択課税といわれるもので、長年国内で勤務した者が、たまたま海外勤務となり非居住者として退職した場合には、国内勤務のまま退職した者は勤続年数に応じた退職所得控除額が控除され、しかもその残額を2分の1したものが課税標準とされるのに比べ、長年の国内勤務に係る国内源泉所得とされる支払金額に20％を乗じることとされているため税負担が著しく大きくなるという不合理を是正する趣旨で設けられている制度です。例えば、次の事例で比較してみます。

（例）退職金の支払総額　2,400万円

　　　勤続年数　　　　30年（国内25年、海外5年）

　1　非居住者として課税

　　　国内勤務対応部分　2,400万円×（25/30）＝2,000万円

　　　所得税額　　　　　2,000万円×20％＝400万円

　2　居住者課税を選択

　　　課税退職所得金額　{2,400万円－(800万円＋70万円×(30－20))}
　　　　　　　　　　　　×1/2＝450万円

$$\text{税額(所得税＋住民税)}\quad 450\,\text{万円}\times(5\%+(10\%-10\%\times 0.1))$$
$$=63\,\text{万円}$$

このように337万円もの開差がありますので、たまたま退職時が非居住者であったというだけで税負担が大きくなるのは酷ということで選択課税制度が設けられています。

3　選択課税適用の手続

退職手当等に係る所得税の還付を受けるため、支払を受けた年の翌年1月1日（同日前に退職手当等の総額が確定した場合には、その確定した日）以後に、税務署長に対し、次の事項を記載した申告書を提出することができます（所法172②、173①）。

(1)　その年中に支払を受ける退職手当等の総額（選択課税の適用がある部分の金額に限ります。）及びその総額について選択課税の適用を受けた場合の所得税額

(2)　その年中に支払を受ける退職手当等につき源泉徴収された又は源泉徴収されるべき所得税額

(3)　(2)の所得税額から(1)の所得税額を控除した金額（還付対象税額）

(4)　選択課税を受ける退職手当等の総額の支払者別の内訳及びその支払者の氏名又は名称及び住所若しくは居所又は本店若しくは主たる事務所の所在地

(5)　(1)の所得税額の計算の基礎

(6)　この申告書を提出する者の氏名及び住所並びに国内に居所があるときはその居所

(7)　還付金の支払を受けようとする銀行又は郵便局の名称及び所在地その他参考となるべき事項

この還付申告においては、基礎控除や配偶者控除等の所得控除の適用を受けることはできません。また、受給者が選択課税制度の適用を受ける場合であっても、退職手当等の支払者は、原則どおりその退職手当等のうち国内源泉所得

の部分について 20％の税率による源泉徴収をしなければなりません。

> **Point**
> 　現地で退職後、日本に帰国してから退職手当等の支払を受けても、支払が確定したのが現地滞在期間中であれば非居住者として支払を受ける退職手当等ということになります。

著者紹介

伊東 博之（いとう ひろゆき）
国税庁法人課税課課長補佐（源泉税担当）、千葉東税務署副署長（法人税担当）、国税不服審判所審判官、東京国税局調査第一部特別国税調査官、同第二部統括国税調査官、東京国税不服審判所管理課長、東京国税局総務部次長、麻布税務署長等を経て、現在、税理士。

主な著書
『源泉徴収要否判断の手引』（新日本法規出版）共著
『国際税務の疑問点』（ぎょうせい）共著

著者との契約により検印省略

平成23年9月1日　初版発行	Q&A　源泉徴収実務と課税判断

著　者	伊　東　博　之
発 行 者	大　坪　嘉　春
製 版 所	美研プリンティング株式会社
印 刷 所	税経印刷株式会社
製 本 所	株式会社　三森製本所

発行所　東京都新宿区下落合2丁目5番13号　株式会社 税務経理協会
郵便番号 161-0033　振替 00190-2-187408　電話（03）3953-3301（編集代表）
FAX（03）3565-3391　　　　　　　　　（03）3953-3325（営業代表）
URL　http://www.zeikei.co.jp
乱丁・落丁の場合はお取替えいたします。

Ⓒ　伊東博之　2011　　　　　　　　　　　　　　Printed in Japan

本書を無断で複写複製（コピー）することは，著作権法上の例外を除き，禁じられています。本書をコピーされる場合は，事前に日本複写権センター（JRRC）の許諾を受けてください。
JRRC〈http://www.jrrc.or.jp　eメール：info@jrrc.or.jp　電話：03-3401-2382〉

ISBN978-4-419-05611-7　C3032